JN112939

T´es sympa !

Yuko Takematsu
Emi Aso
Makiko Hino

Relectrice-correctrice :
Laurence Chevalier

テ・サンパ
~フランス語っていい感じ!~

Editions ASAHI

ANGLETERRE

MANCHE

Lille•
NORD

Cherbourg

PICARDIE

Honfleur • Rouen

NORMANDIE

Versailles

Paris

BRETAGNE St-Malo Le Mont St-Michel Chartres

ÎLE DE FRANCE

•Rennes

Carnac

(Château de Chambord)

PAYS DE
LA LOIRE Orléans

la Loire Tours• CENTRE
VAL DE LOIRE

Nantes

(Futuroscope) Poitiers

OCÉAN ATLANTIQUE

POITOU

Clermon
Ferrand

LIMOUSIN

(Grotte de
Lascaux) AUVERGN

Bordeaux

la Garonne

AQUITAINE

LANGUEDOC

Toulouse

Montpell

•Lourdes PYRÉNÉES

ESPAGNE

FRANCE

BELGIQUE

ALLEMAGNE

LUXEMBOURG

• Reims

'AMPAGNE

LORRAINE

Strasbourg

ALSACE

CARTE DE FRANCE

la Seine

URGOGNE

FRANCHE COMTÉ

Dijon •

Besançon

SUISSE

RHÔNE ALPES

• Lyon

Grenoble •

le Rhône

ITALIE

Avignon •

PROVENCE

t du Gard)

CÔTE D'AZUR

MONACO

Arles •

Aix-en-Provence

Nice •

•

Cannes

Marseille

MER MÉDITERRANÉE

Préface

Chers collègues,

T'es sympa ! est écrit pour les apprenants qui veulent apprendre le français de manière positive et autonome, et qui veulent acquérir le niveau A1. Les jeunes de nos jours ont une sensibilité rythmique très élevée à travers la pratique de la musique ou de la danse. Puisque la langue est faite de sons, que le son articulé est porteur de signification, il y a donc une forte chance pour que cela éveille leur curiosité envers le français, et les amène naturellement vers le monde de l'écrit dès lors qu'on fait correspondre son et graphie, puis vers la culture linguistique et l'interculturel. Nous espérons qu'ils deviendront ainsi des apprenants autonomes.

C'est un manuel semestriel qui se compose de deux parties, soit quatorze leçons dans chaque partie. La seconde partie, ayant un niveau plus élevé, pourra aussi s'utiliser en deuxième année. Les sources sonores peuvent être téléchargées. Nous souhaitons que les étudiants utilisent leurs écouteurs en classe pour les écouter et les répéter. Nous pensons que la prononciation et la base grammaticale devraient être apprivoisées par une pratique de répétition permanente, puisque les apprenants oublient rapidement lorsqu'ils reviennent de vacances.

Chaque leçon contient trois pages qui correspondent à trois objectifs précis. La première page est consacrée à la découverte de sons et de graphies dans un dialogue avec un contexte culturel. La seconde page est destinée à des activités portant sur quatre modes de communication : compréhension orale, interaction orale, compréhension écrite et production écrite. Cela pourra aussi être utile pour la préparation d'épreuves extérieures à l'établissement scolaire. La troisième page propose une réflexion sur les structures grammaticales aux apprenants. C'est la page qui exige d'eux le plus d'autonomie. Nous ne visons pas à la perfection absolue de leur apprentissage. Nous souhaitons qu'autour du manuel le professeur, l'apprenant et le médiateur établissent une relation interactive.

Chers apprenants de français,

Ce manuel présente une étudiante en deuxième année à l'université, Anri. Elle voyage en France dans la première partie et rencontre plusieurs personnes au Japon dans la seconde partie. Elle n'a pas peur d'essayer toutes sortes d'activités sociales avec une attitude positive. Vous allez les expérimenter avec elle et l'accompagner jusqu'à la fin. Imaginez ce qu'elle va faire après l'histoire du manuel. Imitez son comportement « sympa ». Alors, on vous dira, à vous aussi : «T'es sympa !».

Il est important d'apprendre le français par l'écoute et la prononciation. N'ayez pas peur de prononcer les mots français et de les écrire. Il est souhaitable également de surfer sur le web français et de regarder un film français.

Nous espérons que vous découvrirez la beauté de la mélodie du français et la joie de parler, que vous aurez plaisir à l'apprendre, et que le manuel vous permettra de vous familiariser avec la culture francophone et de vous ouvrir au monde.

Nous remercions Mme Laurence Chevalier pour sa correction du manuel, son aide et son soutien. Elle nous a permis d'utiliser le tableau de prononciation qu'elle avait créé pour ses étudiants.

Nous sommes également reconnaissantes à M. Yamada de l'édition Asahi d'avoir été patient jusqu'à la fin. Nous le prions de recevoir nos amitiés.

はじめに

この教科書をお使いになる先生方へ

　この教科書は、A1レベルを目指すフランス語学習者に積極的な学びの力をつけてほしいという目標をもって作られました。現代の学習者は音楽やダンスなどを通してリズム感覚が発達しています。言語を音として捉えると、分節されて意味を作ることに気づき、フランス語への興味がわいてくることと思います。分節された音が視覚的な文字と対応すれば、文字の世界は、文法や背景文化への興味を生み出します。こうして自律的学習者が立ちあがるのではないかと思います。

　この教科書は、第1部0課＋13課、第2部14課、各課は3ページ、練習問題を含めた構成です。セメスター制の授業用に作られているので、第1部、第2部ともに、挨拶スキルから始まり、未来のことを言うスキルで終わります。といっても第2部は第1部より少しレベルが高いので、第1部を1年次で終了し、第2部を2年次で使うこともできます。なぜこのような構成にしたのかというと、1セメスターが終わり、バカンスから戻ってくると学習者は、学習したことを忘れがちだからです。無理なく、定着を図るには、リピートが最もよいと思われます。イヤホンも使います。

　最初のページは、音の「発見」のページ、フランス語は、まず耳から入れます。ノイズと言語が識別され、その音を文字に変換することの繰り返しです。同時にディアローグの文化的背景もチェックします。2ページ目は4技能を伸ばす「活動」を設定したページです。「リスニング」「スピーキング」「リーディング」「ライティング」の順に配置されています。DELF、TCF、仏検などの検定試験にもつながると嬉しく思います。3ページ目は、1ページ目、2ページ目で疑問に思う文法項目がわかりやすく説明されています。意図としては、耳で聞いたフランス語の文章のしくみ（文法）を学習者が自力で積極的に理解する自律的学習のページと位置づけています。どのページも、完全さを目指しているわけではないので、教師・学習者・TAなど、関わる人が自由にこの教科書の周囲で様々な関係を築いてくれると幸いです。

フランス語学習者へ

　この教科書では主人公の大学生あんりが、前半はフランスで、後半は日本で様々な人と出会い、様々なことに思い切ってチャレンジします。それらのシチュエーションを皆さんも一緒に楽しみながら、彼女の持ち味であるサンパ sympa なふるまいを、ぜひ真似してみてください。

　「リスニング」と「リーディング」で、新しい言語の音と文字と文化の情報を体験的に取り込み、「スピーキング」と「ライティング」で、取り入れた情報や知識をもとに結果を出し、実績にしていきましょう。フランス語のウェブや映画も積極的に見ることをお勧めします。

　フランス語の音の響きの美しさを発見し、話す喜びを体感し、楽しく学習しながら、フランス語圏の文化を知り、視野を広げてほしいと思います。

　最後に、この教科書の制作を見守り、細かいアドバイスをくれ、何度も詳細な校閲をしてくださったロランス・シュヴァリエ先生に心より感謝の意を表します。先生が作った発音表も使わせていただきました。

　そして、この教科書制作の進行を最初から最後まで、我慢強く導いてくださった朝日出版社の山田さんにお礼を言います。いろいろご迷惑をおかけしましたが、本当にありがとうございます。

著者

目次

第2部

目次

T'es sympa ! の使い方 Mode d'emploi de T'es sympa !

■1 3ページからなる各課の構成 La structure de chaque leçon en trois pages

1ページ目：「発見」 Première page : Découverte

まずイヤホンを用意します。ディアローグを聞き、物語のシチュエーションを選びます。もう一度聞いて対応するフランス語を書き、さらにそのフランス語に対応する日本語を選びます。そしてディアローグのシャドーイングとロールプレイをします。音と文字のつながりを発見するこれらの作業を、ディアローグの前半と後半で２回行います。ディアローグの文化的背景も併せて確認します。

Préparer vos écouteurs. Écouter d'abord le dialogue et choisir la situation qui convient. L'écouter encore, choisir et écrire les phrases françaises qui correspondent au dialogue, puis choisir les phrases japonaises qui y correspondent. Ensuite faire le shadowing et jouer le dialogue avec ses camarades. Ces découvertes de sons et de graphies se répètent deux fois, dans la première partie et la seconde partie du dialogue. Est également comprise une découverte de son contexte culturel. Nous vous recommandons d'écouter plusieurs fois le dialogue.

2ページ目：「活動」 Seconde page : Activités

4技能を伸ばす「活動」を設定したページです。「リスニング」「スピーキング」「リーディング」「ライティング」の順に配置されています。「リスニング」と「リーディング」で、新しい言語の音と文字と文化の情報を体験的に取り込み、「スピーキング」と「ライティング」で、取り入れた情報や知識をもとに結果を出し、実績にしていきます。

La seconde page est destinée à des activités portant sur quatre modes de communication : compréhension orale, interaction orale, compréhension écrite et production écrite. Il est important d'apprendre le français par l'écoute et la prononciation. N'ayez pas peur de prononcer les mots français et de les écrire. Les apprentissages se réalisent à travers des activités de réception et de production à l'oral et à l'écrit.

3ページ目：「文法」 Troisième page : Grammaire

各課で必要な語彙や文法を、練習問題を解きながら学びます。最初の2ページに書かれたフランス語の文章のしくみについて理解できないことは、このページの説明をくまなく見て、なるべく自分たちで解決します。

Étudier le vocabulaire et la grammaire nécessaires à chaque leçon, en répondant aux questions linguistiques. Si on ne comprend pas certaines des structures des phrases françaises contenues dans la première double-page, consulter minutieusement cette page pour essayer de trouver soi-même la solution.

練習問題　Exercices

2課終わるごとに色々な練習問題を解くことで、各課で学んだことを振り返り、確かなものにします。

Chaque fois qu'on termine les deux leçons, s'entraîner avec les exercices pour réviser et consolider les acquis de chaque leçon.

プレゼンテーションに向けて Pour préparer l'exposé

この教科書は、2部構成です。各部の最後で、興味をもったフランスあるいはフランス語圏の異文化について発表をすることをお勧めします。そのために、テーマに関する振り返り（ポートフォリオ）を以下のサイトにアップしていますので、定期的にグループで話し合って作業を進めていけます。

Le manuel se compose de deux parties. À la fin de chaque partie nous recommandons de faire faire un exposé sur un thème interculturel ou sur une expérience interculturelle sur le campus. Pour cet exposé, utiliser le portfolio (en annexe) que l'étudiant devra rendre régulièrement au professeur pour cerner le thème et la problématique.

■2 凡例 Icônes

🎧	音声を聞く	Écouter l'audio	👥	ペアで活動する	Travailler par deux
✏	問題を解く	Répondre aux questions	👥👥	グループで活動する	Travailler en groupe

■3 音声トラックと語彙 Les pistes audio et le lexique

本書の音声トラックとフランス語の語彙は，以下のサイトに掲載されています。無料でダウンロードしたり，オンラインで聞いたりすることができます。できるだけ何回も聞いて，フランス語の実力向上に役立てましょう。

Vous trouverez toutes les pistes audio et le lexique français sur le site ci-dessous. Vous pouvez les télécharger gratuitement, ou les écouter en ligne. Écoutez-les autant de fois que possible pour améliorer vos connaissances en français.

https://text.asahipress.com/free/french/tessympa/index.html

Partie 1

第1部

On commence !

Traduction

Thème **Bonjour !**

1a [1-02] 会話を聞いて、シチュエーションはどちらか選ぼう。Écoutez le dialogue et choisissez la situation qui convient : « image gauche » ou « image droite » ?

gauche

droite

1b (1-02) もう一度聞いて、対応するフランス語を書こう。Écoutez encore. Choisissez et écrivez les phrases françaises qui correspondent au dialogue.

1_____ (　　)

2_____ (　　)

3_____ (　　)

4_____ (　　)

5_____ (　　)

6_____ (　　)

7_____ (　　)

8_____ (　　)

Ça va ?	Oui, ça va. Et toi ?
Je m'appelle Riku.　Enchanté.	Ça va très bien, merci.　Tu t'appelles comment ?
Bonjour !　Je m'appelle Anri.	D'accord !
Enchantée !　*On commence la leçon ?	Bonjour, je m'appelle Miu.

*on は代名詞（英語のwe, they...）で、ここでは「みんな、私達」の意味。
commenceは~er動詞commencerの3人称単数形。

1c フランス語に対応する日本語を選び、（　）にアルファベを書こう。Choisissez les phrases japonaises qui y correspondent et écrivez les lettres dans les endroits indiqués.

A：こんにちは、私は、みう。

B：初めまして。レッスン始めましょうか？

C：とても元気です、ありがとう。名前は何ていうの？

D：こんにちは。私はあんり。

E：リクです。初めまして。

F：OK！

G：元気？

H：はい、元気です。あなたは？

1d 答え合わせをし、シャドーイングをし、近くの人とロールプレイをしよう。Corrigez les réponses, faites le shadowing et jouez le dialogue avec vos camarades.

[1-03] アルファベをフランス語で発音しよう。Prononcez l'alphabet.

a, b, c, d, e, f, g, h, i, j, k, l, m, n, o, p, q, r, s, t, u, v, w, x, y, z

---

[1-04] 1年の月を発音しよう。Prononcez les mois de l'année.

1月 janvier　2月 février　3月 mars　4月 avril　5月 mai　6月 juin

7月 juillet　8月 août　9月 septembre　10月 octobre　11月 novembre　12月 décembre

---

[1-05] よく使われる様々な語句を発音しよう。Prononcez les expressions que l'on utilise souvent.

どうぞ　s'il vous plaît　　　こんにちは　salut　　　ようこそ　bienvenue

ありがとう　merci　　　さようなら　au revoir　　　すみません、（あの、ちょっと）ごめんなさい　pardon, excusez-moi.

いいえ、けっこうです　non merci　　　こんばんは　bonsoir

1-06 音源を聞きながら、数字をまず、1〜10まで、次に11〜20、次に21〜69まで、その次に70〜100まで、残りを順番に発音しよう。Écoutez et prononcez d'abord de 1 à 10, et puis de 11 à 20, ensuite de 21 à 69, et enfin de 70 à 100 et le reste.

0 zéro	**20 vingt**	…
1 un	21 vingt et un	**70 soixante-dix**
2 deux	22 vingt-deux	71 soixante et onze
3 trois	23 vingt-trois	72 soixante-douze
4 quatre	…	…
5 cinq	**30 trente**	**80 quatre-vingts**
6 six	31 trente et un	81 quatre-vingt-un
7 sept	32 trente-deux	82 quatre-vingt-deux
8 huit	…	…
9 neuf	**40 quarante**	**90 quatre-vingt-dix**
10 dix	41 quarante et un	91 quatre-vingt-onze
11 onze	42 quarante deux	92 quatre-vingt-douze
12 douze	…	…
13 treize	**50 cinquante**	**100 cent**
14 quatorze	51 cinquante et un	1 000 mille
15 quinze	52 cinquante-deux	10 000 dix mille
16 seize	…	100 000 cent mille
17 dix-sept	**60 soixante**	1 000 000 un million
18 dix-huit	61 soixante et un	
19 dix-neuf	62 soixante-deux	

リスニング　Compréhension orale

2　1-07 音源を聞いて空欄を埋め、ディクテをしよう。そのあとグループで演じてみよう。Faites la dictée. Ensuite jouez le dialogue avec des camarades.

Anri ：_____. Je m'appelle Anri.

Miu ：Bonjour. Je _____ Miu.

Anri ：Ça va ?

Miu ：Oui, _____. Et toi ?

Anri ：Ça va très bien, merci. Tu _____ comment ?

Riku ：Je m'appelle Riku. _____.

Anri ：Enchantée ! On commence la _____ ?

tous ：D'accord !

1-08 この教科書に出てくる主な登場人物

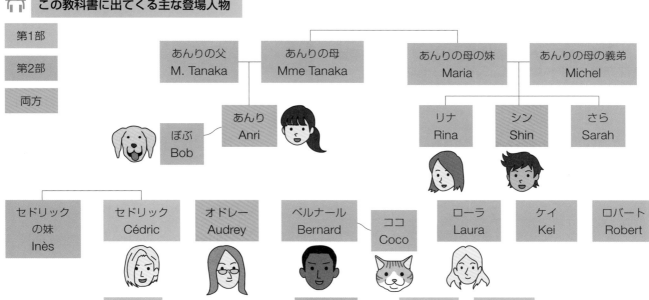

Leçon 1-1 Je suis japonaise.

Thème Aéroport

■1a 会話を聞いて、シチュエーションはどちらか選ぼう。Écoutez le dialogue et choisissez la situation qui convient : « image gauche » ou « image droite » ?

gauche

droite

■1b もう一度聞いて、対応するフランス語を書こう。Écoutez encore. Choisissez et écrivez les phrases françaises qui correspondent au dialogue.

1_____ (　　)

2_____ (　　)

3_____ (　　)

4_____ (　　)

5_____ (　　)

| Nous sommes canadiens.

| Oh, excuse-moi ! Ça va ?　Tu es chinoise ?

| Vietnamienne, je pense.

| Non, je suis japonaise.　Et vous ?

| Aïe ! Aïe !

> ここは空港の入国審査場です。この場合、あなたは右左どちらへ行きますか。なぜ？Allez-vous à gauche ou à droite ? Pourquoi ?
>
> gauche :　　　droite :
> tous passeports　passeports EU

■1c フランス語に対応する日本語を選び、（　）にアルファベを書こう。Choisissez les phrases japonaises qui y correspondent et écrivez les lettres dans les endroits indiqués.

A：いいえ、私は日本人よ。あなたたちは？　　C：痛ーい！　　E：おっと、失礼！大丈夫？君は中国人？
B：ベトナム人だと思うけど。　　D：カナダ人だよ。

■1d 答え合わせをし、シャドーイングをし、近くの人とロールプレイをしよう。Corrigez les réponses, faites le shadowing et jouez le dialogue avec vos camarades.

■2a あんりはどちらの空港にいますか。二つの主要国際空港の違いを述べよう。Anri est-elle à l'aéroport gauche ou à l'aéroport droit ? Quelle est la différence entre les deux aéroports ?

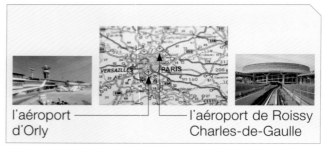
l'aéroport d'Orly ── ── l'aéroport de Roissy Charles-de-Gaulle

■2b 会話の続きを聞いて書こう。Écoutez la suite du dialogue, choisissez et écrivez les réponses.

6_____ (　　)

7_____ (　　)

8_____ (　　)

| La, la, la... nous sommes à Paris !

| Oui, un peu. Je parle anglais, aussi.

| Tu parles français ?

■2c フランス語に対応する日本語を選び、（　）にアルファベを書こう。Choisissez les phrases japonaises qui y correspondent et écrivez les lettres dans les endroits indiqués.

F：少しね。英語も話すよ。　　H：君はフランス語話すの？
G：（口ずさみながら）ラララ…俺たちパリにいる～！

■2d 答え合わせをし、シャドーイングをし、近くの人とロールプレイをしよう。Corrigez les réponses, faites le shadowing et jouez le dialogue avec vos camarades.

3 🔊1-10 👥 音源を聞いて空欄を埋め、ディクテをしよう。そのあとグループで演じてみよう。Faites la dictée. Ensuite jouez le dialogue avec des camarades.

Anri : Aïe ! Aïe !

Garçon 1 : Oh, excuse-moi ! Ça va ? Tu **1.**_____ chinoise ?

Garçon 2 : Vietnamienne, je **2.**_____.

Anri : Non, je suis **3.**_____. Et vous ?

Garçon 1 : Nous sommes **4.**_____.

Garçon 2 : Tu **5.**_____ français ?

Anri : Oui, un peu. Je parle **6.** _____, aussi.

Garçons 1 et 2 (en chantant) : La, la, la ... nous **7.**_____ à Paris !

> 「あなた方は？」Et vous ?
> ここでは複数の意味のvousです。「あなた」という単数の意味（丁寧さ、相手との距離感）でも使います。

4 🔊(1-11) 👥 音源を聞いて、発音されたものにチェックをしよう。Écoutez et cochez ce que vous entendez.

1. ☐ chinoise   ☐ chinois
2. ☐ vietnamien   ☐ vietnamienne
3. ☐ bon   ☐ bonne
4. ☐ français   ☐ française

> 🔊1-11 鼻母音[ɛ̃]vietnamien [ɔ̃]bon か、鼻母音なし [ɛn]vietnamienne [ɔn]bonne かの判断

スピーキング　En interaction

5 👥 次の質問に答えてみよう。そして隣の人に、同じ質問をしよう。答えは自由に！Faites un dialogue avec votre camarade. La réponse est libre.

1. Tu parles français ? —Oui, _____ / Et toi ? Tu ...
2. Tu es espagnole ? —Non, je suis _____ / Et toi ? Tu ...
3. Tu parles japonais ? —Oui, _____ / Et toi ? Tu ...
4. Tu es canadien ? —Non, je suis _____ / Et toi ? Tu ...

リーディング　Compréhension écrite

6 📖 次の文を読み、このサイトを見ると何の情報が得られるのか、読んで下の問いに答えよう。そのあと、隣の人と回答をチェックしよう。Lisez les phrases suivantes du site web et répondez aux questions.

> **Vous pouvez consulter toutes les informations pour votre voyage : arrivées, départs, retards, annulations, réservation d'hôtel, la météo, l'accès à l'aéroport de Paris-Orly. Le calendrier est mis à jour en temps réel.**

次の項目の中で、上記のサイトで得られる情報に○を、得られない情報に✕をしよう。Mettez ○ pour les infos que vous pouvez avoir et ✕ pour les infos que vous ne pouvez pas avoir sur ce site web.

départs, annulations, boutiques, date du jour réel, météo, arrivées, hôtels, retards, accès à l'aéroport CDG, réservation de bus

7 簡単なフランスの地図を書き、首都パリに点（・）を挿入しよう。その横にパリ市の形を描き、**CDG**空港と**Orly**空港を記入してみよう。Dessinez la carte de France à gauche et situez Paris. Ensuite dessinez la ville de Paris et situez CDG et Orly.

> フランスの外形を書いてみよう

> パリの外形を書きl'aéroport CDGと l'aéroport d'Orlyを書き入れよう

ライティング　Production écrite

8 ✒ 自己紹介をしよう。名前、国籍、話す言語を書こう。書いたものをグループの人と交換してチェックしよう。Écrivez votre nom, prénom, nationalité et les langues que vous parlez. Et échangez la fiche et lisez la fiche de votre camarade.

> Je suis ...

1. 🎧 1-12 動詞 être
動詞の活用を発音して覚えよう。Prononcez la conjugaison du verbe *être*.
不定詞 être（いる、ある）の活用

je	suis	nous	sommes
tu	es	vous	êtes
il/ elle/ on	est	ils/elles	sont

2. 🎧 1-13 動詞 parler
動詞の活用を発音して覚えよう。Prononcez la conjugaison du verbe *parler*.
不定詞 parler（話す）（-er 動詞）の活用

je	parle	nous	parlons
tu	parles	vous	parlez
il/ elle/ on	parle	ils/ elles	parlent

3. 🎧 1-14 ✏️ 動詞 penser
動詞の活用を書いてみよう。Écrivez la conjugaison du verbe *penser*.
不定詞 penser（考える、思う）（-er 動詞）の活用

je	pense	nous	
tu		vous	
il/ elle/ on		ils/ elles	

【気づき】Je parle le français. とも言える。le は名詞の前につく定冠詞。

✏️ 1 デカルトの名言「我思う、ゆえに我あり」と書いてみよう。「ゆえに」は、donc です。Écrivez en français.
_____.

☆名詞と形容詞
フランス語の名詞と形容詞には性があり、男性形と女性形に分かれる。女性形を作る原則として男性形の語尾に-e を足す。ただし発音が変わることが多いので気をつけよう。男女同形もある。さらに複数を表す s に注意。これは発音に影響なし。

🎧 1-15 ✏️ vocabulaire 言語と国籍
空欄を埋めて表を完成させよう。nationalités et langues. Complétez le tableau.

言語	男性名詞	国籍	男性	女性
日本語	japonais	1. 日本人	japonais	japonaise
中国語		2. 中国人		chinoise
ベトナム語		3. ベトナム人		vietnamienne
英語	anglais	4. イギリス人		
フランス語		5. フランス人		française
スペイン語		6. スペイン人	espagnol	
韓国語	coréen	7. 韓国人		
自由に好きな言語を		8. カナダ人	canadien	

✏️ どこの国の国旗？表の1〜8と国旗a〜jを結ぼう。対応しないものもあります。Drapeaux de quel pays ? Liez le groupe 1~8 ci-dessus au groupe a~j ci-dessous.

a（　　）　b（　　）　c（　　）　d（　　）　e（　　）

f（　　）　g（　　）　h（　　）　i（　　）　j（　　）

✏️ 2 次の文をフランス語で書いて言おう。
Écrivez en français et prononcez.
「僕はフランス人だ」
_____.

✏️ 3 正しい語を選んで✓を入れよう。Choisissez le mot français qui correspond au mot japonais et cochez.

1.「日本語」	2.「フランス語」	3.「イタリア語」	4.「英語」
☐ japonais	☐ française	☐ italien	☐ anglais
☐ japonaise	☐ français	☐ italienne	☐ anglaise

Tu habites à Paris ?

Thème Ville

1a 🏙️👥 会話を聞いて、シチュエーションはどちらか選ぼう。Écoutez le dialogue et choisissez la situation qui convient : « image gauche » ou « image droite » ?

gauche

droite

1b 🏙️👤 もう一度聞いて、対応するフランス語を書こう。Écoutez encore. Choisissez et écrivez les phrases françaises qui correspondent au dialogue.

1_____ (   )

2_____ (   )

3_____ (   )

4_____ (   )

| Oui. Je suis étudiante.   Et vous ?

| Non, je ne suis pas canadien.   Je suis français.   Vous êtes étudiante ?

| Moi aussi.

| Pardon, vous êtes canadien ?

1c 👤 フランス語に対応する日本語を選び、（　）にアルファベを書こう。Choisissez les phrases japonaises qui y correspondent et écrivez les lettres dans les endroits indiqués.

A：僕もです。

B：すみません、あなたはカナダ人ですか？

C：はい。学生です。あなたは？

D：いいえ、カナダ人じゃないです。フランス人です。あなたは学生ですか？

1d 👥 答え合わせをし、シャドーイングをし、近くの人とロールプレイをしよう。Corrigez les réponses, faites le shadowing et jouez le dialogue avec vos camarades.

2a 🏙️👤 会話の続きを聞いて書こう。Écoutez la suite du dialogue, choisissez et écrivez les réponses.

5_____ (   )

6_____ (   )

7_____ (   )

| Enchantée.   Je m'appelle Anri.   Je suis en anglais.   J'étudie le français, aussi.   Tu habites à Paris ?

| Je m'appelle Cédric.   J'étudie le japonais.

| Oui. J'habite à Paris.

2b 👤 フランス語に対応する日本語を選び、（　）にアルファベを書こう。Choisissez les phrases japonaises qui y correspondent et écrivez les lettres dans les endroits indiqués.

E：そうだよ。パリに住んでるよ。

F：初めまして。私はあんりといいます。英語学部です。
　　フランス語も勉強してるの。あなたはパリに住んでるの？

G：僕はセドリックといいます。日本語を勉強してます。

2c 👥 答え合わせをし、シャドーイングをし、近くの人とロールプレイをしよう。Corrigez les réponses, faites le shadowing et jouez le dialogue avec vos camarades.

2d 👥 パリの空港へのシャトルバスの路線図を選ぼう。Choisissez le plan de navette de Paris.

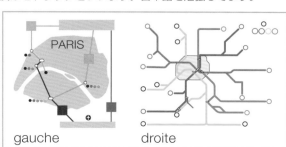

gauche　　　　droite

Listening リスニング **Compréhension orale**

3 🎧[1-17] 👥👤 音源を聞いて空欄を埋め、ディクテをしよう。そのあとグループで演じてみよう。Faites la dictée. Ensuite jouez le dialogue avec des camarades.

Anri　: Pardon, 1._____canadien ?

Cédric : Non, je ne 2._____ canadien. Je suis français. Vous êtes 3._____ ?

Anri　: Oui. 4._____étudiante. Et vous ?

Cédric : 5._____. Je m'appelle Cédric. 6._____ le japonais.

Anri　: Enchantée. Je m'appelle Anri. Je suis 7._____ anglais. J'étudie 8._____ français, aussi.

　　　 Tu 9._____ à Paris ?

Cédric : Oui. 10._____ à Paris.

> ☆会話の途中で,
> vous がtuに変わ
> ったのはなぜ？

4 🎧[1-18] 👥👤 音源を聞いて、仲間はずれの発音の語にチェックを入れよう。Écoutez et cochez le mot qui n'a pas la même prononciation.

1. ☐ tu　　　　　☐ vous　　　　☐ étudiant
2. ☐ excuse　　　☐ étudier　　　☐ jouez
3. ☐ pour　　　　☐ du　　　　　☐ écoutez

> 🎧[1-18] [y] tu : 口をやや横に開いて「イユ」を同時に発音
> [u] vous : 口を丸くすぼめて「ウ」

Speaking スピーキング **En interaction**

5 👥👤 架空の人物の「個人情報」を決め，**3**にならってペアで会話を作ろう。Imaginez les identités d'une personne. Construisez à deux un dialogue comme dans l'exercice **3**.

> 個人情報　名前、国籍、学部、勉強している言語、住んでいるところ…

Reading リーディング **Compréhension écrite**

6a 👤📖 パリに関する文章を読んで訳そう。Lisez les phrases sur Paris et traduisez en japonais.

> **La France est la première destination touristique mondiale. Elle accueille environ 87 millions de visiteurs par an, alors que le Japon, environ 29 millions. Capitale de la France, Paris est la ville lumière. Elle compte d'innombrables sites touristiques : la Tour Eiffel, La Cathédrale Notre-Dame de Paris, le Louvre, l'Arc de Triomphe, ou encore les Champs-Elysées.**

➡

6b 👥👤 近くの人と協力してフランスの都市をどこか１つ地図で示し、おすすめの点（自然、建造物、特産品…）を挙げよう。En groupe. Indiquez une ville de France de votre choix sur la carte. Puis recommandez la ville (nature, architecture et spécialités ...).

Writing ライティング **Production écrite**

7 👤✏ 初めて参加するサークルのトーク画面に、自己紹介文を書こう。Écrivez votre présentation sur un réseau social pour participer à un cercle.

Leçon 1-2

1. 🎧 動詞 habiter

動詞の活用を書いてみよう。
Écrivez la conjugaison du verbe *habiter*.
不定詞 habiter（住む）（-er 動詞）の活用

j' habit**e**	nous
tu	vous
il / elle / on	ils / elles

🖉 habiterの活用を書き入れよう。
Complétez avec le verbe *habiter*.
1. Vous _____ à Tokyo ?
2. J'_____ à Marseille.

【気づき】職業
　Cédric est étudiant.
　Anri est étudiante.
国籍（L.1-1）と同じく，職業にも男性形と女性形がある。

étudiant　　étudiante　　médecin　　médecin

4. 否定表現
動詞を **ne...pas** ではさむ。

Je suis japonais.　→ Je **ne** suis **pas** japonais.
Elle est étudiante.　→ Elle **n'**est **pas** étudiante.

ne の後が h や母音字から始まる語のとき、ne は n' になる。

6. 🎧🖉 êtreの否定形
être の活用を否定形で書こう。
Écrivez la conjugaison du verbe *être* à la forme négative.

je ne suis pas	nous
tu	vous
il / elle / on	ils / elles

🖉 次の文をフランス語で書いて言おう。
Écrivez en français et prononcez.
私は中国人ではありません。

_____.

☆moi aussi と moi non plus の使い方
肯定文中
-Moi aussi, je suis étudiant.
-Je suis étudiant aussi.
否定文中
-Moi non plus, je ne suis pas français.
-Je ne suis pas français non plus.

2. 🎧🖉 動詞 étudier

動詞の活用を書いてみよう。Écrivez la conjugaison du verbe *étudier*.
不定詞 étudier（勉強する）（-er 動詞）の活用

j' étudi**e**	nous
tu	vous
il / elle / on	ils / elles

1. 私はトゥールーズで建築を勉強している。
J' _____ l'architecture à _____
_____.
2. あなたはモンペリエで医学を勉強しているのですか?
Vous _____ la médecine à
_____ ?
3. 彼女はパリで芸術を勉強している。
Elle _____ les beaux-arts à Paris.

3. 🖉 ＜habiter + à + 都市＞「〜に住んでいる」
次の文をフランス語で書こう。Écrivez en français.
A：私は東京に住んでいるよ。君は?
B：私も、東京に住んでいるよ。
A：_____?
B：_____.

☆＜étudier + le (l') + 言語＞「〜語を勉強する」
J'étudie le français.　J'étudie l'anglais.

5. 🖉 職業をたずねる
和訳して発音しよう。Traduisez et prononcez.
A : **Qu'est-ce que tu fais ?**
B : Je suis étudiant. Et toi ?
A : _____

☆学部
＜être + en + 学問＞「〜学部である」
Je suis en anglais.
Elle est en japonais.
主語の性別によって「学問」のつづりは変わらない。

Leçon 1

Ⅰ.（　）の中の語を正しい語順に並べ替えて文を作ろう。Mettez dans l'ordre.

1.（ parles / tu / chinois ）?
→＿＿＿＿＿＿＿＿＿＿＿＿＿＿＿＿?

2.（ elle / française / est ）?
→＿＿＿＿＿＿＿＿＿＿＿＿＿＿＿＿?

3.（ sommes / Nice / à / nous ）.
→＿＿＿＿＿＿＿＿＿＿＿＿＿＿＿＿.

Ⅱ. 質問への答えの文として最もふさわしいものを選ぼう。
Choisissez la bonne réponse.

1. Tu es anglais ?
a) Je m'appelle Pierre.
b) Oui, je suis anglais.
c) Non, je parle anglais.

2. Vous êtes canadiennes ?
a) Oui, je suis canadienne.
b) Non, je suis à Otawa.
c) Oui, nous sommes canadiennes.

3. Il parle japonais ?
a) Oui, il parle japonais.
b) Oui, je parle français.
c) Non, il est japonais.

Ⅲ. 主語を変えて文を書き換えよう。Transformez les phrases selon le sujet.

1. Je suis vietnamien.
→ Elle ＿＿＿＿＿＿＿＿＿＿＿＿.
2. Vous êtes à Barcelone ?
→ Tu ＿＿＿＿＿＿＿＿＿＿＿＿?
3. Elle est espagnole.
→ Il ＿＿＿＿＿＿＿＿＿＿＿＿.
4. Ils sont italiens.
→ Nous ＿＿＿＿＿＿＿＿＿＿＿.

Ⅳ. 動詞 chanter（歌う）の活用を書こう。Écrivez la conjugaison du verbe chanter.

je		nous	
tu		vous	
il / elle / on		ils / elles	

Ⅴ. 🎧 3-01 次の文の音源を聞き、フランス語で書こう。Dictée.

1. こんにちは、私の名前はナオミです。日本人です。私はパリにいます、だから私はフランス語を少し話します。英語も話します。あなたは？
＿＿＿＿＿＿＿＿＿＿＿＿＿＿＿＿＿
＿＿＿＿＿＿＿＿＿＿＿＿＿＿＿＿＿
＿＿＿＿＿＿＿＿＿＿＿＿＿＿＿＿＿

2. こんにちは、僕の名前はヒカルです。フランス人です。僕は大阪に住んでいます。僕はフランス語と韓国語と英語を話します。
＿＿＿＿＿＿＿＿＿＿＿＿＿＿＿＿＿
＿＿＿＿＿＿＿＿＿＿＿＿＿＿＿＿＿
＿＿＿＿＿＿＿＿＿＿＿＿＿＿＿＿＿

Leçon 2

Ⅰ. 次の語を読んで、男性形か女性形か言ってみよう。
Lisez les mots, et dites s'ils sont masculins ou féminins.

1. étudiant
2. canadienne
3. étudiante
4. française

Ⅱ. habiter の活用を書こう。Conjuguez le verbe habiter.

1. Vous h＿＿＿ à Paris ?
2. J'h＿＿＿ à Toulouse.
3. Il h＿＿＿ à Lyon.

Ⅲ. 主語と動詞を結ぼう。Associez le sujet et le verbe.

nous ·　　　　· étudient
il ·　　　　· étudie
vous ·　　　　· étudies
tu ·　　　　· étudiez
elles ·　　　　· étudions

Ⅳ. 否定形に書き換えよう。Transformez à la forme négative.

1. Je suis en japonais.
→ ＿＿＿＿＿＿＿＿＿＿＿＿＿＿.
2. Vous êtes étudiant.
→ ＿＿＿＿＿＿＿＿＿＿＿＿＿＿.
3. J'étudie le français.
→ ＿＿＿＿＿＿＿＿＿＿＿＿＿＿.
4. Tu habites à Paris.
→ ＿＿＿＿＿＿＿＿＿＿＿＿＿＿.

Ⅴ. 🎧 3-02 音源を聞いて会話を完成させよう。Complétez le dialogue.

Lucie : Pardon, ＿＿＿ étudiante ?
Anri : Oui... Et vous ?
Lucie : Moi aussi, ＿＿＿. ＿＿＿ Lucie. ＿＿＿ le japonais.
Anri : ＿＿＿. ＿＿＿ Anri. Je suis en anglais. J'étudie le français. ＿＿＿ ?
Lucie : Non, ＿＿＿ Yokohama.

Ⅵ. 職業について、左と右を結ぼう。Associez.

Qu'est-ce que vous faites ?

1. 女子高校生です。 ·　　　· Je suis musicien.
2. サラリーマンです。 ·　　　· Je suis professeur.
3. パティシエです。 ·　　　· Nous sommes salariés.
4. ミュージシャンです。· 　　· Je suis lycéenne.
5. 教師です。 ·　　　· Je suis pâtissier.

Ⅶ. 例のように書きかえよう。Transformez comme dans l'exemple.

Ex.）J'habite à Paris. Je suis parisien.

1. Tu habites à Lyon. Tu ＿＿＿＿＿＿.
2. Elle habite à Nice. Elle ＿＿＿＿＿＿.
3. Ils habitent au Québec. Ils ＿＿＿＿＿＿.

Vous n'avez pas le Wi-Fi ?

1a 会話を聞いて、シチュエーションはどちらか選ぼう。Écoutez le dialogue et choisissez la situation qui convient : « image gauche » ou « image droite » ?

gauche

droite

1b もう一度聞いて、対応するフランス語を書こう。Écoutez encore, choisissez et écrivez les phrases françaises qui correspondent au dialogue.

1_____ (　　)

2_____ (　　)

3_____ (　　)

| Je suis Anri TANAKA.

| Voilà mon passeport.　Oui, je suis de Tokyo.

| Votre passeport, s'il vous plaît.　Vous êtes du Japon ?

1c フランス語に対応する日本語を選び、（　）にアルファベを書こう。Choisissez les phrases japonaises qui y correspondent et écrivez les lettres dans les endroits indiqués.

A：はい、私のパスポートです（提示する）。はい、東京出身です。　　　C：あなたのパスポートをお願いします。日本の方ですか？
B：田中あんりと申します。

1d 答え合わせをし、シャドーイングをし、近くの人とロールプレイをしよう。Corrigez les réponses, faites le shadowing et jouez le dialogue avec vos camarades.

2a 会話の続きを聞いて書こう。Écoutez la suite du dialogue, choisissez et écrivez les réponses.

4_____ (　　)

5_____ (　　)

6_____ (　　)

7_____ (　　)

8_____ (　　)

| D'accord.　Vous n'avez pas le Wi-Fi ?

| Non, ce n'est pas une chambre avec baignoire.　C'est une chambre avec douche.

| Vous avez la chambre numéro 301.　C'est au troisième étage.　Voici la clé.　Vous avez l'ascenseur, là.

| C'est une chambre avec baignoire?

| Si, nous avons le Wi-Fi, bien sûr !

2b フランス語に対応する日本語を選び、（　）にアルファベを書こう。Choisissez les phrases japonaises qui y correspondent et écrivez les lettres dans les endroits indiqués.

D：バスタブ付きの部屋ですか？　　　　　G：いいえ、バスタブ付きの部屋ではありません。シャワー付きの部屋です。
E：いいえ、Wi-Fi ありますよ、もちろん！　H：301号室です。4階です。こちらが鍵です。エレベーターがあります、あちらに。
F：わかりました。Wi-Fi はないのですか？

2c 答え合わせをし、シャドーイングをし、近くの人とロールプレイをしよう。
Corrigez les réponses, faites le shadowing et jouez le dialogue avec vos camarades.

2d あんりのパスポートはどっち？Choisissez le passeport d'Anri.

gauche　droite

リスニング　Compréhension orale

3 【1-23】 音源を聞いて空欄を埋め、ディクテをしよう。そのあとグループで演じてみよう。Faites la dictée. Ensuite jouez le dialogue avec des camarades.

Anri : Je suis Anri TANAKA.

Le réceptionniste : 1._____ passeport, s'il vous plaît. 2._____ du Japon ?

Anri : Voilà 3._____ passeport. Oui, 4._____ de Tokyo.

Le réceptionniste : 5._____ la chambre numéro 301. C'est au 6._____ étage. Voici la clé. Vous avez l'ascenseur, là.

Anri : C'est une chambre avec baignoire ?

Le réceptionniste : Non, ce n'est pas une chambre avec baignoire. C'est une chambre avec douche.

Anri : D'accord. Vous 7._____ le Wi-Fi ?

Le réceptionniste : Si, nous avons le Wi-Fi, bien sûr !

> 【1-24】【リエゾン liaison】一単語単独では読まない最後の文字を後続の母音と一緒に読むこと
> Vous êtes du Japon ？ヴ　エット　デュ　ジャポン
> ＝＞ヴ　**ゼット**　デュ　ジャポン
> 他にも探してみよう。

4 【1-24】 音源を聞いて、発音されたものにチェックしよう。Écoutez et cochez ce que vous entendez.

1. Wi-Fiはないのですか？　☐ Vous n'avez pas le Wi-Fi ?　☐ Vous avez le Wi-Fi ?　☐ Tu as le Wi-Fi ?
2. いいえ、Wi-Fiありますよ。　☐ Non, nous avons le Wi-Fi.　☐ Oui, nous avons le Wi-Fi.　☐ Si, nous avons le Wi-Fi.
3. 日本出身ですか？　☐ Vous êtes canadien ?　☐ Vous êtes étudiante ?　☐ Vous êtes du Japon ?
4. ドーナツ　☐ baignoire　☐ beignet　☐ baigneur

> 【1-24】 gn [ɲ]の発音に気をつけよう。
> 例）espagnol

スピーキング　En interaction

5 持っているかどうかペアに尋ねよう。持っている場合は voilà を使って提示し、持っていない場合は non と答えよう。Entraînez-vous avec d'autres étudiants en posant les questions « Tu as ton passeport ? »

Ex.) Tu as ton passeport ? −Voilà mon passeport. / Non, je n'ai pas de...

1. passeport（m.）　2. clé（f.）　3. adresse e-mail（f.）
4. facebook（m.）　5. smartphone（m.）　6. manuel（m.）

リーディング　Compréhension écrite

6 次の文を読んで、下の問いに答えてみよう。Lisez et choisissez la bonne réponse.

> ### Vous cherchez un hôtel idéal ?
> **Consultez notre site web. Vous comparez les prix de différents hôtels. Vous choisissez la destination et les dates de votre séjour. Alors, notre comparateur vous indique les meilleures offres avec le nombre d'étoiles, l'équipement etc. Nous facilitons la réservation en ligne.**

1. Vous êtes　☐ à l'aéroport.　☐ en ligne.　☐ dans une agence de voyage.
2. Vous voulez　☐ manger.　☐ étudier.　☐ voyager.
3. Vous pouvez　☐ acheter.　☐ réserver.　☐ payer.

ライティング　Production écrite

7 あなたはあんりです。必要な設備（ドライヤーとWi-Fi）があるかどうか、ホテルに問い合わせのメールを書こう。Vous êtes Anri. Écrivez un mail à l'hôtel.

> Bonjour, vous avez ...
>
> Cordialement,
> Anri TANAKA

1. [1-25] 🔊 動詞 avoir

動詞の活用を発音して覚えよう。Prononcez la conjugaison du verbe *avoir*.

不定詞 avoir（持っている、所有している）の活用

j'	ai	nous	avons
tu	as	vous	avez
il/ elle / on	a	ils/ elles	ont

否定形で書いてみよう。Écrivez la conjugaison du verbe avoir à la forme négative.

je	n'ai pas	nous	
tu		vous	
il/ elle / on		ils/ elles	

✏️ 書き入れよう。Complétez.

1. Vous _____ votre passeport ?
2. Tu _____ ton smartphone ?
3. Il n'_____ pas son manuel.

[1-26] 🔊 vocabulaire ホテルの設備

左と右を結ぼう。Associez.

1. 　　· · un sèche-cheveux

2. 　　· · un réfrigérateur

3. 　　· · un chauffage

4. 　　· · un coffre-fort

5. oui / non / si

①肯定疑問

Vous avez le Wi-Fi ? – **Oui**, nous avons le Wi-Fi. / **Non**, nous n'avons pas le Wi-Fi.

②否定疑問

Vous n'avez pas le Wi-Fi ? / **Si**, nous avons le Wi-Fi. / **Non**, nous n'avons pas le Wi-Fi.

✏️ 書き入れよう。Complétez.

1. Tu n'as pas ton manuel ? – _____, j'ai mon manuel.
2. Vous n'avez pas le passeport ? – _____, je n'ai pas de passeport.
3. Vous n'êtes pas du Japon ? – _____, je suis du Japon.
4. Tu n'es pas de France ? – _____, je ne suis pas de France.

2. ✏️ 提示表現

c'est / ce n'est pas を書き入れよう。Complétez.
1. バスタブ付きの部屋ですか？
_____ une chambre avec baignoire ?
2. バスタブ付きの部屋ではありません。
_____ une chambre avec baignoire.
3. シャワー付きの部屋です。
_____ une chambre avec douche.

3. 出身国

前置詞と国名（〜から来ている）

du＋男性名詞の国	de＋女性名詞の国	de l'＋母音、または無音のhで始まる国	des＋複数形の国
日本から **du** Japon	フランスから **de** France	イタリアから **d'**Italie	アメリカから **des** États-Unis

✏️ 前置詞を書き入れよう。Complétez.

1. カナダから _____ Canada
2. 中国から _____ Chine
3. イランから _____ Iran

4. 所有形容詞

男性単数・母音字の前で / 女性単数 / 複数

mon	ma	mes
ton	ta	tes
son	sa	ses
notre	notre	nos
votre	votre	vos
leur	leur	leurs

【気づき】
都市名の前はdeを置く。
Je suis <u>de</u> Tokyo.
Il est <u>de</u> Paris.

☆数字1〜10

1	un	6	six
2	deux	7	sept
3	trois	8	huit
4	quatre	9	neuf
5	cinq	10	dix

[1-27] 🔊 ☆序数詞

基数に -ième を付ける。1のみ例外。
✏️ 表を完成させよう。Complétez.

1	premier / première
2	
3	
4	quatrième
5	
6	

Leçon 1-4 Un café, s'il vous plaît.

1a 🔊1-28 👥 会話を聞いて、シチュエーションはどちらか選ぼう。Écoutez le dialogue et choisissez la situation qui convient : « image gauche » ou « image droite » ?

gauche

droite

1b 🔊1-28 👤 もう一度聞いて、対応するフランス語を書こう。Écoutez encore. Choisissez et écrivez les phrases françaises qui correspondent au dialogue.

1_____(　　)

2_____(　　)

3_____(　　)

4_____(　　)

5_____(　　)

| Non merci, je ne prends pas de croissants. | Très bien.　Et vous prenez des croissants ? |

| Bonjour.　Un café, s'il vous plaît. | Non merci, je n'ai pas faim. |

| Il y a des sandwichs... |

1c 👤 フランス語に対応する日本語を選び、（　）にアルファベを書こう。Choisissez les phrases japonaises qui y correspondent et écrivez les lettres dans les endroits indiqués.

A：かしこまりました。クロワッサンは召し上がりますか？　　　D：おはようございます。コーヒーをください。
B：いいえありがとう、お腹空いてないんです。　　　　　　　E：サンドウィッチがありますよ…
C：いいえありがとう、クロワッサンはいりません。

1d 👥 答え合わせをし、シャドーイングをし、近くの人とロールプレイをしよう。Corrigez les réponses, faites le shadowing et jouez le dialogue avec vos camarades.

2a 🔊1-28 👤 会話の続きを聞いて書こう。Écoutez la suite du dialogue, choisissez et écrivez les réponses.

6_____(　　)

7_____(　　)

8_____(　　)

| Merci.　C'est combien ? |

| Voilà. |

| Deux euros dix, s'il vous plaît.　Je prends une photo pour vous ? |

2b 👤 フランス語に対応する日本語を選び、（　）にアルファベを書こう。Choisissez les phrases japonaises qui y correspondent et écrivez les lettres dans les endroits indiqués.

F：2,10ユーロお願いします。写真をお撮りしましょうか？　　　H：どうぞ。
G：どうも。おいくらですか？

2c 👥 答え合わせをし、シャドーイングをし、近くの人と
ロールプレイをしよう。Corrigez les réponses, faites le shadowing et jouez le dialogue avec vos camarades.

2d 👥 2つの写真を比べて違いを見つけよう。Comparez les photos des deux différents cafés et trouvez la différence.

カウンター：コーヒー1,50€　　　コーヒー180円
テラス・座席：コーヒー2,10€

リスニング　Compréhension orale

3 `1-29` 🎧👥👥 音源を聞いて空欄を埋め、ディクテをしよう。そのあとグループで演じてみよう。Faites la dictée. Ensuite jouez le dialogue avec des camarades.

① Anri　　　　：Bonjour.　Un 1._____, s'il vous plaît.
Le serveur：Très bien. Et vous 2._____ des croissants ?
Anri　　　　：Non merci, je ne 3._____ pas 4._____ croissants.
Le serveur：Il y a 5._____ sandwichs...
Anri　　　　：Non merci, je 6._____ faim.
② Le serveur：Voilà.
Anri　　　　：Merci. C'est combien ?
Le serveur：7.____ euros 8.____, s'il vous plaît. Je 9._____ une photo pour vous ?

> 【エリジオンélision】前の単語の終わり
> の文字が母音a,i,eで、後の単語の最初の文
> 字に母音がくるとき、前の単語の母音がア
> ポストロフになること
> si il vous plaît => s'il vous plaît
> 他にも探してみよう

4 `1-30` 🎧👥 音源を聞いて、違う発音が聞こえた語にチェックを入れよう。Écoutez et cochez le mot qui n'a pas la même prononciation.

1. □ euros　　　　□ deux　　　　□ une
2. □ jus d'orange　□ euros　　　□ tu

> `1-30` 🎧
> [y] tu：口を閉じ気味に「イユ」を同時に発音
> [ø] deux：口を開き気味にして「ウー」

スピーキング　En iteraction

5 👥👥 例のように値段を尋ね、答えよう。Demandez les prix et répondez comme dans l'exemple.

Exemple : Un café, c'est combien ? - C'est deux euros dix.

Café	2€10
Bière	5€20
Croissant	2€15
Sandwich	6€00

6 👥👥 **3** のように店員とお客になって会話しよう。Commandez en jouant les rôles du serveur et du client comme dans l'exercice **3**.

café au lait（m.）　　expresso（m.）　　thé Earl Grey（m.）　　salade niçoise（f.）

リーディング　Compréhension écrite

7 👤📖 カフェに関する文章を読んで訳し、後の問いに答えよう。Lisez les phrases sur le café, traduisez en japonais et cochez la bonne réponse.

> Le café satisfait nos besoins : se rafraîchir, calmer sa soif, servir un sandwich ou un dessert pour apaiser sa faim. D'après une statistique récente, le coffee shop de style américain montre une grande croissance du secteur en France avec 3 à 4 % de croissance des visites. Nos jeunes commencent à estimer les torréfacteurs qui proposent le goût du vrai café.

➡

1. Dans le café　　□ on ne mange pas de sandwich.　　□ on se rafraîchit.　　□ on sert l'entrée et le plat.
2. □ On respecte le travail du torréfacteur aux Etats-Unis.　　□ Un café américain n'est pas fort en France.
　　□ En France on a beaucoup de coffee shop de style américain.
3. Les jeunes gens　□ apprennent l'art de la torréfaction.　　□ torréfient le café.　　□ aiment le goût du vrai café.

ライティング　Production écrite

8 👤✏ カフェにいるあんりになって、体調や注文についてSNSでつぶやこう。Vous êtes Anri. Vous êtes dans un café. Elle parle d'elle et de sa commande sur un réseau social. Écrivez son post.

1. 🔊 動詞 prendre

動詞の活用を発音して覚えよう。Prononcez la conjugaison du verbe *prendre*.

不定詞 prendre（とる）の活用

je	prend**s**	nous	pren**ons**
tu	prend**s**	vous	pren**ez**
il / elle / on	prend	ils / elles	prenn**ent**

✎ 書き入れよう。Complétez avec le verbe *prendre*.

1. Tu _____ le petit déjeuner ?
2. Ils _____ des photos de la tour Eiffel.

com**prendre**（理解する）は prendre の活用を使う。

3. 「分かりますか？」Vous _____ ?
4. 「はい、よく分かります」Oui, je _____ .

✎ ① 不定冠詞を書き入れよう。
Complétez avec l'article indéfini.

1.

_____ café (m.)

2.

_____ bière (f.)

3.

_____ sandwich (m.)

4.

_____ croissants (m. pl.)

☆ **Il y a** ... 「〜がある」

Exemple :
　　A：Il y a un café ?
　　B：Oui, il y a un café.

✎ ③ フランス語で書こう。Écrivez en français.
　　A：お腹空いた？
　　B：いいえ、空いてないよ。
　　A：Tu _____ ?
　　B：Non, _____ .

☆数字11〜20

11	onze	16	seize
12	douze	17	dix-sept
13	treize	18	dix-huit
14	quatorze	19	dix-neuf
15	quinze	20	vingt

✎ 2. 不定冠詞

	男性名詞 （m.）	女性名詞 （f.）
単数 （s.）	**un** sac	**une** montre
複数 （pl.）	**des** stylos	**des** clés

数えられる名詞について「ひとつの」「いくつかの」を示す。名詞には_性別_がある。

☆否定の de

Je prends **un** café. →　Je ne prends pas **de** café.

Il y a **un** hôtel. →　Il n'y a pas **d'**hôtel.

否定文では直接目的語につく不定冠詞は_de_になり、母音字や無音のhの前では**d'**になる。

✎ ② de /d' を書き入れよう。Complétez avec l'article indéfini *de* ou *d'*.

1. Vous prenez un café ?
　　→　Vous ne prenez pas _____ café ?
2. Il y a un ascenseur.
　　→　Il n'y a pas _____ ascenseur.

🔊 ☆体調などの表現

＜avoir + 無冠詞名詞＞

1. J'ai faim.　　　　　お腹が空いた。
2. J'ai soif.　　　　　のどが渇いた。
3. J'ai chaud.　　　　暑い。
4. J'ai froid.　　　　　寒い。
5. J'ai mal à la tête.　頭が痛い。
6. J'ai mal au ventre.　お腹が痛い。

✎ 🔊 ☆1〜12ユーロ(€)

数字を書き入れて音声を聞き、発音しよう。
Écrivez les chiffres, puis écoutez et répétez.

1		euro	7		euros
2		euros	8		euros
3		euros	9		euros
4		euros	10		euros
5		euros	11		euros
6		euros	12		euros

【気づき】

caféは、「コーヒー」という意味と「コーヒーショップ」という意味があります。使い分けよう。

Leçon 3

I. 次の空欄に **avoir** を活用させて記入しよう。Conjuguez le verbe *avoir*.

1. Vous_____la clé ?
2. Nous _____ l'ascenseur.
3. J'_____mon passeport.
4. Il_____une baignoire dans la chambre.

II. 指示に従って答えよう。（ホテルで）Répondez en suivant l'indication.(à l'hôtel)

1. Est-ce qu'on a le petit déjeuner ? (否定)
_____.
2. Avez-vous le Wi-Fi ? （否定）
_____.
3. Vous avez des serviettes ? （肯定）
_____.
4. Tu n'étudies pas l'espagnol ? （肯定）
_____.
5. Est-ce que tu ne parles pas chinois ? （肯定）
_____.

III. 次の空欄に、**mon, ma, mes, ton, ta, tes, votre, vos** のいずれかを入れよう。Choisissez et mettez l'adjectif possessif qui convient.

1. Je m'appelle Saki Morita. _____nom de famille, c'est Morita, et _____ prénom, c'est Saki.
2. Monsieur, _____ nom de famille, c'est Dupont ?
3. Tu as _____ clé USB ?
   – Oui, J'ai _____ clé USB.
4. Est-ce que vous avez _____ bagages ?

IV. 地図を見て、次の人物たちはどこの都市の出身か書こう。Regardez les cartes et dites d'où viennent les personnes suivantes.

1. Marie はブラジルのオリンピック開催都市の出身です。
   Marie _____.
2. Marcelo はイタリアの首都の出身です。
   Marcelo _____.
3. Tu habites en Australie ?
   - Oui, j'_____.
4. Evgenia はロシアの首都の出身です。
   Evgenia _____.

Leçon 4

I. 次の空欄に **prendre** を活用させて記入し、日本語に訳そう。Conjuguez le verbe *prendre*. Et puis traduisez en japonais.

1. Je _____ deux croissants.
_____
2. Elles _____ l'ascenseur.
_____
3. _____ vous votre petit déjeuner ?
_____ ?
4. Monsieur, nous _____ deux cafés au lait et des sandwichs.
_____
5. Tu _____ une photo de moi ?
_____ ?

II. 次の空欄に **un, une, des, d'** のいずれかを入れよう。Mettez l'article indéfini qui convient.

1. Vous avez _____ sandwichs ?
   - Oui, Madame.
   - Alors, _____ panini classique et _____ soda au gingembre.
2. Il n'y a pas _____ hôtel, ici.
   - Si, tu as _____ hôtel, là-bas.
3. Est-ce que vous avez _____ chambre pour ce soir ?
   - Non, c'est complet. Je n'ai plus* _____ chambre aujourd'hui.

* ne ～plus「もう～ない」

III. 友達の家でおしゃべりをしています。**voilà, merci, non merci, s'il te plaît** のいずれかを入れよう。Vous êtes chez un ami. Mettez les mots qui conviennent au dialogue.

-J'ai chaud.
-Tu as soif ? J'ai une bière.
-_____, je ne prends pas de bière. Un verre d'eau, _____.
- _____.
- _____.

IV. 🎧 3-03 次の飲食物は、いくらでしょうか。音源を聞いて右と左を結ぼう。Écoutez et reliez.

1. Expresso · · 10,50€
2. Cappuccino · · 2,00€
3. Croissant · · 20,60€
4. Salade asiatique · · 2,40€
5. Quiche lorraine · · 5,35€

Vous aimez le PSG ?

1a 🔊[1-34] 👥 会話を聞いて、シチュエーションはどちらか選ぼう。Écoutez le dialogue et choisissez la situation qui convient : « image gauche » ou « image droite » ?

gauche

droite

1b 🔊[1-34] 👤 もう一度聞いて、対応するフランス語を書こう。Écoutez encore. Choisissez et écrivez les phrases françaises qui correspondent au dialogue.

1_____ (　　)

2_____ (　　)

3_____ (　　)

4_____ (　　)

| (seule) 69 euros... | un peu cher... |

| Oui, j'aime beaucoup. | C'est cool, le maillot bleu et rouge du PSG. |

| Bonjour Madame. Vous aimez le PSG ?

| Vous prenez ?

1c 👤 フランス語に対応する日本語を選び、（　）にアルファベを書こう。Choisissez les phrases japonaises qui y correspondent et écrivez les lettres dans les endroits indiqués.

A：（一人で）69€か…ちょっと高いな…　　C：はい、とっても好きです。PSGのブルーとレッドのユニフォーム、かっこいいです。
B：こんにちは、PSGはお好きですか？　　D：お求めになりますか？

1d 👥 答え合わせをし、シャドーイングをし、近くの人とロールプレイをしよう。Corrigez les réponses, faites le shadowing et jouez le dialogue avec vos camarades.

2a 🔊[1-34] 👥 あんりが買ったユニフォームの色は何色？Cherchez les couleurs du maillot qu'achète Anri.

noir　　blanc　　rouge　　vert　　bleu　　jaune　　violet

2b 🔊[1-34] 👤 会話の続きを聞いて書こう。Écoutez la suite du dialogue, choisissez et écrivez les réponses.

5_____ (　　)

6_____ (　　)

7_____ (　　)

8_____ (　　)

| D'accord. | Vous aimez le foot ? | Oui. J'aime regarder les matchs, | mais je ne joue pas. |

| Vous payez par carte ? | Ah, oui, je prends deux maillots, | c'est pour moi et mon cousin. |

2c 👤 フランス語に対応する日本語を選び、（　）にアルファベを書こう。Choisissez les phrases japonaises qui y correspondent et écrivez les lettres dans les endroits indiqués.

E：はい、観戦は好きですが、サッカーはしません。　　G：かしこまりました。サッカーがお好きなんですね。
F：ああ、はい、二着ください。私といとこの分です。　　H：お支払いはカードですか？

2d 👥 答え合わせをし、シャドーイングをし、近くの人とロールプレイをしよう。Corrigez les réponses, faites le shadowing et jouez le dialogue avec vos camarades.

リスニング　Compréhension orale

3 [1-35] 🔊👥 音源を聞いて空欄を埋め、ディクテをしよう。そのあとグループで演じてみよう。Faites la dictée. Ensuite jouez le dialogue avec des camarades.

Vendeur　: Bonjour Madame. Vous 1._____ le PSG ?

Anri　　　: Oui, j'aime beaucoup. C'est cool, le maillot 2._____ et 3._____ du PSG.
　　　　　（seule) 69 euros... un peu 4._____...

Vendeur　: Vous 5._____ ?

Anri　　　: Ah, oui, je prends deux maillots, c'est pour moi et mon cousin.

Vendeur　: D'accord. Vous aimez 6.____ foot ?

Anri　　　: Oui. J'aime 7._____ les matchs, mais je ne joue pas.

Vendeur　: Vous payez par 8._____ ?

> [1-36] 🔊【フランス語文のイントネーション】太字になっている文のイントネーションを矢印↗↘で示しなさい。Écoutez et mettez ↗ ou ↘ dans les parenthèses pour indiquer l'intonation.
> **Ah, oui, (　) je prends deux maillots, (　) c'est pour moi (　) et mon cousin. (　)**

4a [1-37] 🔊👥 音源を聞いて、[ɛ] の音が聞こえたものにチェックをしよう。Écoutez et cochez, si vous entendez [ɛ].

1. ☐ Je prends deux maillots.　　☐ J'aime le foot.
2. ☐ un peu　　　　　　　　　　☐ cher

> [1-37] 🔊 [ø] peu：「ア」と「ウ」の中間
> [ɛ] aime：「エ」

4b [1-37] 🔊👥 20～69までの数字を音源を聞いて発音しよう（→ L.1-5）。次に聞こえた数字を算用数字で書きなさい。Prononcez d'abord les nombres de 20 à 69 (→ L.1-5). Et puis écrivez les nombres que vous entendez.

　a._____　b. _____　c. _____　d. _____　e. _____　f. _____

スピーキング　En interaction

5 👥 次の写真を見て会話をしてみよう。Regardez les photos et faites un dialogue.

la danse　　　　　　　　　des bonnets　　　　　　　une casquette

1. Tu aimes _____ ? —Oui, _____ Non, _____
2. Tu prends _____ ? —Oui, _____ Non, _____
3. Je n'aime pas _____ , et toi ? —Moi, _____

リーディング　Compréhension écrite

6a 👤📖 マルク Marc の次の文を読んで、後の問いに答えよう。Lisez et répondez aux questions après.

> J'aime beaucoup le sport. Le sport est très important pour la santé. J'essaie de le pratiquer régulièrement. Mon sport préféré est le vélo. Je regarde toujours le Tour de France à la télévision. Au printemps et en été je fais du vélo et du jogging en plein air.

1. faire（du sport）とほぼ同じ意味の動詞を書こう。Cherchez le synonyme de « faire » dans le texte. _____
2. Son sport préféré est　☐ le patinage.　　☐ le vélo.　　☐ le jogging.
3. Il fait du jogging seulement en été.　　☐ vrai　　☐ faux

6b 👤📖 次の文を読んで、後の問いに答えよう。Lisez et choisissez.

> La « Semaine SPORT» propose des stages gratuits de la pratique sportive pour les jeunes du 18 au 30 septembre. Elle invite les jeunes à découvrir de nouveaux sports : escrime, karaté, gymnastique, escalade, etc.

☐ C'est une information.　　☐ C'est une recommandation.　　☐ C'est une invitation.

ライティング　Production écrite

7 👤✎ あなたはあんりです。ニューカレドニアに住んでいるいとこのシンに、「サッカーやっている？PSGのユニフォームを君にも買うよ」と店からメールしよう。Vous êtes Anri. Écrivez un mail à votre cousin Shin pour demander s'il fait toujours du foot et pour dire aussi que vous allez acheter un maillot du PSG pour lui.

> Cher Shin,
> 　　Je suis dans la boutique ...
>
> 　　Bises, Anri

1. 📢✏️ 動詞 aimer / jouer `1-38`

動詞の活用を書いてみよう。Écrivez la conjugaison des verbes *aimer* et *jouer*.

不定詞 aimer（好きだ）(-er 動詞) の活用

j'	aim**e**	nous	
tu		vous	
il/ elle / on		ils/ elles	

不定詞 jouer（プレイする）(-er 動詞) の活用

je	jou**e**	nous	
tu		vous	
il/ elle / on		ils/ elles	

a

b

c

【気づき】定冠詞 le / la / les の総称的用法

①定冠詞単数＋非加算名詞

a. Ils aiment le café.

「彼らはコーヒーというものが好きである。」

b. On aime le shopping.

「ショッピングというものが好き。」

②定冠詞複数＋加算名詞

c. Tu aimes les fleurs ?

「君は花（＝すべての花）が好き？」

☆色を表す形容詞の位置

名詞の後に置く。性の一致に注意。

un maillot bleu

une casquette bleu**e**

vocabulaire 支払い方法

par carte「カードで」/ en espèce, en liquide「現金で」

✏️ 支払い方法を選ぼう。

Vous payez comment ? – Je paie ...

1. 家電店で冷蔵庫を買う　□ par carte　□ en espèce
2. 自販機でコーヒーを買う　□ par carte　□ en liquide
3. レストランで勘定を払う　□ par carte　□ en espèce
4. 洋服を買う　□ par carte　□ en liquide

5. 部分冠詞

男性名詞（m.）	女性名詞（f.）	母音の前で
du	de la	de l'

数えられない名詞につく冠詞。

Ex. : faire **du** football (faire du foot)「サッカーをする」

※ de + le =du の縮約形とは異なる

faire **de la** danse「ダンスをする」

✏️ フランス語で書いて言ってみよう。

Écrivez en français et prononcez.

1. 彼女たちは水泳をする。

→ Elles _____

2. 僕たちはテニスをする。

→ Nous _____

2. 📢 動詞 faire `1-39`

動詞の活用を発音して覚えよう。

Prononcez la conjugaison du verbe *faire*.

不定詞 faire（話す）の活用

je	fais	nous	faisons
tu	fais	vous	faites
il/ elle / on	fait	ils/ elles	font

☆前置詞 de と定冠詞 le の縮約

de + le → du

前置詞 de「〜の」は定冠詞 le と合体して du という形になる。

Le maillot bleu et rouge **du** PSG「PSGクラブのユニフォーム」

3. 📢 動詞 payer `1-40`

動詞の活用を発音して覚えよう。Prononcez la conjugaison du verbe *payer*.

不定詞 payer（支払う）の活用

je	pa**i**e	nous	pa**y**ons
tu	pa**i**es	vous	pa**y**ez
il/elle/on	pa**i**e	ils/elles	pa**i**ent

4. 動詞 aimer の法則

① aimer + 定冠詞（le, la, les）

Ex. : Vous aimez le foot ／ la musique / les fleurs ?

※色を表す名詞の前の定冠詞は常に男性形 le。

✏️ 例のように好きな色を書いてみよう。Écrivez en français comme dans l'exemple.

Ex. : J'aime le rouge.「赤が好きだ」

J'aime _____.

② aimer + 動詞の不定詞

✏️ 左上の絵a〜cを見て例のように書いてみよう。

Transformez comme dans l'exemple.

Ex. : Je regarde la télévision.

→ J'aime regarder la télévision.

1. Ils prennent un café. → _____
2. Ils font du shopping. → _____
3. Je regarde les fleurs. → _____

☆数字21-69（→L.1-0）

21	31	41	51	61
vingt et un	trente et un	quarante et un	cinquante et un	soixante et un
22	32	42	52	62
vingt-deux	trente-deux	quarante-deux	cinquante-deux	soixante-deux
23	33	43	53	63
vingt-trois	trente-trois	quarante-trois	cinquante-trois	soixante-trois
30	40	50	60	
trente	quarante	cinquante	soixante	

Leçon 1-6 Ouvrez votre sac.

Thème **Stade**

1a 会話を聞いて、シチュエーションはどちらか選ぼう。Écoutez le dialogue et choisissez la situation qui convient : « image gauche » ou « image droite » ?

gauche

droite

1b もう一度聞いて、対応するフランス語を書こう。Écoutez encore, choisissez et écrivez les phrases françaises qui correspondent au dialogue.

1_____ (　)
2_____ (　)
3_____ (　)

| C'est bon, allez tout droit.　N'oubliez pas votre sac.

| Voilà.

| Bonjour.　Ouvrez votre sac, s'il vous plaît.

1c フランス語に対応する日本語を選び、（　）にアルファベを書こう。Choisissez les phrases japonaises qui y correspondent et écrivez les lettres dans les endroits indiqués.

A : どうぞ。
C : こんにちは。かばんを開けてください、お願いします。
B : 結構です、まっすぐお進みください。かばんをお忘れなく。

1d 答え合わせをし、シャドーイングをし、近くの人とロールプレイをしよう。Corrigez les réponses, faites le shadowing et jouez le dialogue avec vos camarades.

2a 会話の続きを聞いて書こう。Écoutez la suite du dialogue, choisissez et écrivez les réponses.

4_____ (　)
5_____ (　)
6_____ (　)
7_____ (　)

| Ça te va très bien, ton maillot bleu.　　| Merci, t'es sympa ! Est-ce que tu habites en France ?

| Non, j'habite au Japon, je suis de Tokyo.　(en regardant Audrey coller un sticker) Dis, colle un sticker PSG sur ma casquette aussi, s'il te plaît !

| (en même temps) Allez ! Allez ! PSG ! PSG !

2b フランス語に対応する日本語を選び、（　）にアルファベを書こう。Choisissez les phrases japonaises qui y correspondent et écvivez les lettres dans les endroits indiqués.

D :（二人同時に）いけ！いけ！PSG！PSG！　F : いいえ、日本に住んでるの、東京出身よ。(オドレーがステッカーをはるのを見ながら) ねえ、私のキャップにもPSGシールを貼って、お願い！
E : とても似合ってるね、その青いユニフォーム。　G : ありがとう、いい人ね。フランスに住んでるの？

2c 答え合わせをし、シャドーイングをし、近くの人とロールプレイをしよう。Corrigez les réponses, faites le shadowing et jouez le dialogue avec vos camarades.

2d あんりがいるのはどこ？ Où est Anri ?

a. hippodrome de Longchamp
b. stade de France
c. Bercy Arena

ロンシャン競馬場
スタッド・ドゥ・フランス
ベルシー・アリーナ

リスニング　Compréhension orale

3 [1-42] 👥 音源を聞いて空欄を埋め、ディクテをしよう。そのあとグループで演じてみよう。Faites la dictée. Ensuite jouez le dialogue avec des camarades.

①Agent de sécurité　　: Bonjour. 1.＿＿＿＿＿ votre sac, s'il vous plaît.
　Anri　　　　　　　　: Voilà.
　Un agent de sécurité : C'est bon, 2.＿＿＿＿＿ tout droit. 3.＿＿＿＿＿
　　　　　　　　　　　　votre sac.

②Audrey et Anri　　　: (en même temps) Allez ! Allez ! PSG ! PSG !
　Anri　　　　　　　　: Ça te va très bien, ton maillot bleu.
　Audrey　　　　　　　: Merci, t'es sympa ! Est-ce que tu habites en France ?
　Anri　　　　　　　　: Non, j'habite au Japon, je suis de Tokyo. (en regardant Audrey coller un sticker) Dis, 6.＿＿＿＿＿
　　　　　　　　　　　　un sticker PSG sur ma casquette aussi, s'il te plaît !

> [1-43] 【アンシェヌマンenchaînement】一単語
> の最後に読まれた子音が次の単語の母音と一緒に
> 読まれること
> J'habite ジャビット
> J'habite au Japon. ジャビット　ジャポン（OK）
> しかし、ジャビッツ　オ　ジャポン　も（OK）
> 他にも探してみよう。

4a [1-43] 👥 音源を聞いて、発音されたものにチェックをしよう。Écoutez et cochez ce que vous entendez.

1. ☐ Il habite à Paris ?　　☐ Elle est en France ?　　☐ Il habite en France ?
2. ☐ Non, il habite au Canada.　☐ Non, il habite à Montréal.　☐ Oui, il est au Mexique.
3. ☐ Elle est belge ?　　☐ Elle est en Belgique ?　　☐ Elle va en Belgique ?

4b [1-44] 👥 音源を聞いて、発音されたものにチェックをしよう。Écoutez et cochez ce que vous entendez.

1. ☐ maillot　　☐ mille　　☐ elle va
2. ☐ il va　　☐ mille　　☐ maquillage

> [1-44] 👥 発音の違いに気をつけよう。
> [ij] maillot（イユ）– [il] il（イル）

スピーキング　En interaction

5 👥 oublier, prendre, parler, ouvrir などの動詞の命令形を使って、友達にお願いしてみよう。Demandez quelque chose en utilisant les verbes *oublier, prendre, parler, ouvrir.* Entraînez-vous avec d'autres étudiants.
Ex.) N'oublie pas ton smartphone !

clés

valise

リーディング　Compréhension écrite

6 👤📖 次の文を読んで、下の問いに答えてみよう。Lisez les infos et choisissez la bonne réponse.

> **En France, plus de deux millions d'amateurs pratiquent le football. Le football vient de l'Angleterre et se développe d'abord en région parisienne et puis dans le nord de la France. Par contre, au sud de la France, un autre sport collectif, le rugby, est très prisé. Les clubs professionnels de football titrés sont l'Olympique de Marseille (OM), le Paris Saint-Germain (PSG), l'Association sportive de Saint-Etienne (ASSE), l'Olympique Lyonnais (OL), le Football club de Nantes (FCNA).**

1. En France, environ　☐ 2 100 000　☐ 200 000　☐ 1 900 000 d'amateurs font du foot.
2. Le football est né　☐ en France.　☐ en Angleterre.　☐ dans le nord de la France.
3. Dans le sud, le rugby　☐ a disparu.　☐ est apprécié.　☐ n'est pas aimé.

ライティング　Production écrite

7 👤✎ あなたはあんりです。公式グッズのカタログを送ってもらおうと、カスタマーサービスにメールを書きます。どの住所に送ってもらうかも忘れずに書こう。Vous êtes Anri. Écrivez un mail au service client pour qu'on vous envoie un catalogue des produits dérivés officiels de football. N'oubliez pas d'écrire votre adresse.

> Bonjour,
> Envoyez-moi, s'il vous plaît,
>
> Cordialement,
> Anri TANAKA

1. 🔊 動詞 aller

動詞の活用を発音して覚えよう。
Prononcez la conjugaison du verbe *aller*.

不定詞 aller（行く）の活用

je	vais	nous	allons
tu	vas	vous	allez
il/ elle/on	va	ils/ elles	vont

2. 🔊 動詞 ouvrir

動詞の活用を発音して覚えよう。
Prononcez la conjugaison du verbe *ouvrir*.

不定詞 ouvrir（開く）の活用

j'	ouvre	nous	ouvrons
tu	ouvres	vous	ouvrez
il/ elle / on	ouvre	ils/ elles	ouvrent

4. 国にかかわる前置詞

au＋男性名詞の国	en＋女性名詞の国/母音で始まる国	aux＋複数形の国
日本に **au** Japon	フランスに **en** France イタリアに **en** Italie	アメリカに **aux** États-Unis

✎ 書き入れよう。Complétez.

1. J'habite ___ Japon.
2. Elle va ___ Corée.

3. ✎ 命令文

命令形は直説法現在の tu, nous, vous の活用と同じで、主語を省く。

※ -er 動詞、末尾が -vrir と -frir で終わる動詞、および aller の場合、tu に対する命令形の末尾の -s を省く。否定形は動詞を ne と pas ではさむ。

✎ 命令形を書き入れよう。Complétez.

	tu	nous	vous
ouvrir			
aller			
oublier			
ne pas oublier			
coller			

✎ 例のように命令形に書き換えよう。Transformez en impératif comme dans l'exemple.

Ex. : prendre un maillot / tu → Prends un maillot !

1. prendre des photos / tu →_____!
2. ouvrir votre sac / vous →_____!
3. parler français ici / nous →_____!

✎ 合うものを1〜3から選ぼう。Choisissez.

(　)　　　　　　(　)　　　　　　(　)

5. 質問文の作り方

主語＋動詞〜？ （文末にかけてイントネーションを上げる）	est-ce que＋主語＋動詞〜？	動詞＋-＋主語〜？
Tu habites en France ?	Est-ce que tu habites en France ? Est-ce que vous habitez en France ?	Habitez-vous en France ?

6. ✎ 形容詞の性数の一致

	男性名詞（m.）	女性名詞（f.）
単数（s.）	un maillot bleu	une écharpe noire
複数（ pl.）	des gants bleus	des chaussures noires

✎ 書き入れよう。Complétez.

1. 🧤 des _____

2. 👖 une _____

【気づき】

T'es sympa.は<u>Tu es</u> sympathique.が省略された形。話し言葉でよく使われる。

☆**数字70〜100（→L.1-0）**

70 soixante-dix	80 quatre-vingts	90 quatre-vingt-dix	100 cent
71 soixante et onze	81 quatre-vingt-un	91 quatre-vingt-onze	
72 soixante-douze	82 quatre-vingt-deux	92 quatre-vingt-douze	

① Exercices

Leçon 5

Ⅰ. 活用を書こう。Conjuguez.

1. aimer：J'_____ les fleurs.
2. jouer：Elle _____ au foot.
3. payer：Vous _____ comment ?
4. aimer：Vous _____ le café ?

Ⅱ. 定冠詞と名詞とそれが表す写真を結ぼう。Associez l'article, le nom et l'image.

1. le ·   · fleurs   ·   ·

a

2. la ·   · café   ·   ·

b

3. les ·   · casquette ·   ·

c

Ⅲ. le か du を書き入れよう。 Complétez avec le ou du.

Cher Shin,
Je suis à la boutique. Tu aimes ___ foot ?
Tu fais ____ football ? Tu aimes ____ bleu et ____ rouge ? Je prends un maillot bleu et rouge ____ PSG pour toi.
Bises, Anri

Ⅳ. 支払い方法をフランス語で書こう。 Écrivez le moyen de paiement en français.

1. On paie...   2. On paie...

Ⅴ. 並べ換えよう。 Mettez le dialogue dans l'ordre.

1. Vous prenez ?
2. Non, en espèce.
3. Vous payez par carte ?
4. Oui, je prends un maillot.

_____ → _____ → _____ → _____

Ⅵ. 正しいのはどちらか選ぼう。Choisissez la bonne réponse.

1. 野球をしています。
Je joue   □ du baseball.
                 □ au baseball.
2. バレーボールをしています。
Je fais   □ du volley-ball.
                 □ au volley-ball.
3. アイスホッケーをしています。
Je joue   □ du hockey sur glace.
                 □ au hockey sur glace.

Leçon 6

Ⅰ. [ ] の動詞を活用させて空欄に書こう。Conjuguez le verbe *aller*, *ouvrir* ou *coller*.

1. Je _____ au café. [aller]
2. Tu _____ au Stade de France ? [aller]
3. Nous _____ à l'hôtel Victor Hugo. [aller]
4. Elle _____ le réfrigérateur. [ouvrir]
5. Tu _____ une boutique de sport ? [ouvrir]
6. Louis _____ son oreille à la porte. [coller]

Ⅱ. 次の答えに対応する疑問文を3通りの形で作ろう。Trouvez la question à la réponse. Utilisez les trois formes interrogatives.

1. -Oui, j'aime les fleurs.
① _____ ?
② _____ ?
③ _____ ?
2. -Oui, j'habite en France.
① _____ ?
② _____ ?
③ _____ ?

Ⅲ. 次の空欄に au, en, aux のいずれかを書き入れよう。Mettez *au*, *en* ou *aux*.

1. J'habite _____ Corée.
2. Nous allons _____ États-Unis.
3. Ils vont _____ Japon.
4. Mathilde habite _____ Belgique ?
5. Anne et moi habitons _____ Canada.

Ⅳ. 数が少ない順に番号を並べよう。Classez les nombres dans l'ordre croissant.

1. soixante-seize   2. quatre-vingt-quatre
3. quatre-vingt-un   4. quatre-vingt-dix-huit
5. soixante-sept   6. soixante et onze

_____ → _____ → _____ → _____ → _____ → _____

Ⅴ. 正しい形容詞を選ぼう。Choisissez l'adjectif.

1. ブラックコーヒー　un café（noir/ noire / noirs）
2. 白いハンチング帽 une casquette（blanc / blanche / blanches）
3. 赤い手袋　des gants（bleu / rouge / rouges）
4. 青いペン　des stylos（bleu / bleus / bleues）

Ⅵ. 🎧 [3-04] 次の文の音源を聞き、フランス語で書こう。Dictée.
やあ。ニューヨーク（New York）に行くの？とてもいいね！アメリカでは英語を話して。写真を撮ってね。それからパスポートを忘れないで！

_____
_____
_____
_____
_____

Leçon I-7 Tu viens avec moi ? Thème Rendez-vous

1a 🔊 1-47 👥👤 会話を聞いて、シチュエーションはどちらか選ぼう。Écoutez le dialogue et choisissez la situation qui convient : « image gauche » ou « image droite » ?

gauche

droite

1b 🔊 (1-47) 👥👤 もう一度聞いて、対応するフランス語を書こう。Écoutez encore. Choisissez et écrivez les phrases françaises qui correspondent au dialogue.

1_____ (   )
2_____ (   )
3_____ (   )
4_____ (   )

| Désolé, je ne vais pas jusqu'à Bordeaux pour voir un ballet.   C'est loin.

| Tu viens à Bordeaux avec moi ?   Ça te dit de voir un ballet au Grand Théâtre ?

| Oui, pourquoi ? | Allô, Cédric, tu es libre le dimanche 3 mai ?

1c 👤 フランス語に対応する日本語を選び、（　）にアルファベを書こう。Choisissez les phrases japonaises qui y correspondent et écrivez les lettres dans les endroits indiqués.

A：空いてるけど、なぜ？　　　　　　　　　C：ごめん、ボルドーまではバレエを観に行かない。遠いから。
B：もしもし、セドリック、５月３日の日曜空いてる？　D：一緒にボルドーに行かない？グラン・テアトルでバレエを観るってどう？

1d 👥👤 答え合わせをし、シャドーイングをし、近くの人とロールプレイをしよう。Corrigez les réponses, faites le shadowing et jouez le dialogue avec vos camarades.

2a 🔊 (1-47) 👤 会話の続きを聞いて書こう。Écoutez la suite du dialogue, choisissez et écrivez les réponses.

5_____ (   )
6_____ (   )
7_____ (   )
8_____ (   )

| OK, le rendez-vous est devant le Grand Théâtre à 20h15,   téléphone à Nicolas, s'il te plaît.

| J'ai deux places pour *Giselle.* | D'accord. Pas de problème.

| Alors, tu connais Nicolas, mon ami de Bordeaux ?   Il aime la danse classique. Vas-y avec lui.

2b 👤 フランス語に対応する日本語を選び、（　）にアルファベを書こう。Choisissez les phrases japonaises qui y correspondent et écrivez les lettres dans les endroits indiqués.

E：分かった、待ち合わせはグランテアトルの前に20時15分よ、ってニコラに電話してくれるかな。
F：それなら、ボルドーにいる友達のニコラ知ってるよね？　　　G：了解。問題なし。
　　あいつはクラシックダンス好きだから、一緒に行きなよ。　　H：「ジゼル」のチケットが２枚あるのよ。

2c 👥👤 あんりが見たいバレエは次のどれでしょう。*Giselle* est un ballet...?

2d 👤👤 答え合わせをし、シャドーイングをし、友人とロールプレイをしよう。Corrigez en groupe les réponses, faites le shadowing et jouez le dialogue avec vos camarades.

ballet contemporain ballet classique ballet romantique

1-7 Leçon

リスニング　Compréhension orale

3 〔1-48〕 音源を聞いて空欄を埋め、ディクテをしよう。そのあとグループで演じてみよう。Faites la dictée. Ensuite jouez le dialogue avec des camarades.

> Allô, Cédric, tu es libre 1.___ dimanche 3 mai ?

> Oui, 2._____ ?

> Tu 3.___ à Bordeaux avec moi ? Ça 4.____ dit de voir un ballet au Grand Théâtre ?

> Désolé, je ne 5._____ pas jusqu'à Bordeaux pour 6._____ un ballet. C'est 7._____.

> J'ai deux places 8.____ *Giselle*.

> Alors, tu 9._____ Nicolas, mon ami de Bordeaux ？ Il aime la danse classique. Vas-y avec 10._____.

> OK, le rendez-11._____ est devant le Grand Théâtre 12.___ 20h15, téléphone à Nicolas, s'il te plaît.

> D'accord. 13.____ de problème.

4 〔1-49〕 音源を聞いて、正しいものにチェックをしよう。Écoutez et cochez ce que vous entendez.

1. ☐ téléphone ☐ téléphonez ☐ téléphonons
2. ☐ Ça te dit d'aller au cinéma ? ☐ Ça vous dit d'aller au cinéma ? ☐ Ça nous dit d'aller au cinéma ?
3. ☐ Tu vas chez elle. ☐ Tu vas avec lui. ☐ Tu vas chez eux.
4. [v]の音がある方は？　1. ☐ A ☐ B 　2. ☐ A ☐ B

スピーキング　En interaction

5a 友達を誘ってください。肯定、否定の返事をしよう。Faites des dialogues pour aller ensemble aux lieux suivants.
1. 映画 le cinéma に行かない？
2. 飲み会 la soirée に行かない？
3. 音楽フェス le festival de musique に行かない？

5b あなたは次の場所へ行きたいと思っています。友達を誘い、待ち合わせをしよう。Fixez un rendez-vous avec votre camarade.

1. Mont Saint-Michel, Gare Montparnasse, 9h30

2. Musée de Giverny （Claude Monet）, Gare du Nord, 10h45

リーディング　Compréhension écrite

6 フランス人は約束の時間に遅れると言われますが、本当でしょうか。次の文を日本語に訳そう。日本ではどうなのか、グループで話し合おう。On dit que les Français ne sont pas à l'heure aux rendez-vous. Est-ce vrai ? Traduisez les phrases suivantes en japonais et discutez sur le cas au Japon.

> Arriver en retard à un rendez-vous professionnel et expliquer qu'on est en retard parce qu'on déjeunait dans un café, mais qu'on sait que ce n'est pas grave parce qu'en France, ce n'est pas important d'être à l'heure, est-ce vrai ?

ライティング　Production écrite

7 あなたはあんりです。今日、あなたはセドリックをバレエ鑑賞に誘いましたが、理由があって断られました。今日起こったことを日記にしよう。Vous êtes Anri. Vous invitez aujourd'hui Cédric à voir la danse classique. Mais il refuse avec une raison. Vous l'écrivez dans votre journal.

Aujourd'hui, je téléphone à .... 　　　　　　　　　　　　　　　　le 1ᵉʳ mai

☆誘う
Tu viens avec moi + à（場所？）「一緒に来る？」
Ça te dit de + 動詞の原形？「～するのはどう？」
On va à（場所）？「一緒に行く？」

✎ 書いてみよう。Écrivez en français.
「サイクリングしない？」＿＿＿＿＿＿＿＿＿＿＿？

☆今何時？　**Quelle heure est-il ?**
今3時10分です。Il est trois heures dix.

✎ 書いてみよう。Écrivez en français.
今10時半です。→ ＿＿＿＿＿＿＿＿＿＿.

【気づき】前置詞 **à**
「何時ですか」Quelle heure est-il ?「3時10分です」Il est trois heures dix.というときと「何時**に**動物園に行く？」On va au zoo **à** quelle heure?というとき、**à** の有無に注意しよう。

[1-50] ✎ **1** 何時に約束？Le rendez-vous est à quelle heure ?
1～24までの数字をフランス語で書き入れよう。Mettez les chiffres de 1 à 24 en français.

1. à ＿＿＿ heure dix
2. à ＿＿＿ heures et quart
3. à ＿＿＿ heures et demie
4. à ＿＿＿ heures quarante
5. à ＿＿＿ heures moins le quart
6. à ＿＿＿ heures moins cinq
7. à ＿＿＿ heures
8. à ＿＿＿ heures
9. à ＿＿＿ heures
10. à ＿＿＿ heures
11. à ＿＿＿ heures
12. à ＿＿＿ heures = à midi

13. à ＿＿＿＿＿＿ heures
14. à ＿＿＿＿＿＿ heures
15. à ＿＿＿＿＿＿ heures
16. à ＿＿＿＿＿＿ heures
17. à ＿＿＿＿＿＿ heures
18. à ＿＿＿＿＿＿ heures
19. à ＿＿＿＿＿＿ heures
20. à ＿＿＿＿＿＿ heures
21. à ＿＿＿＿＿＿ heures
22. à ＿＿＿＿＿＿ heures
23. à ＿＿＿＿＿＿ heures
24. à ＿＿＿＿＿＿ heures = à minuit

☆日付の表現
定冠詞 le ＋曜日＋日＋月
le 3 mai「5月3日」
le dimanche 3 mai「5月3日の日曜日」

✎ 書いてみよう。Écrivez en français, la date, le mois et le jour.
「11月25日の金曜日」
→ ＿＿＿＿＿＿＿＿＿

✎ **2** **1** の1～6の時刻を文字盤に針で書いて示そう。Dessinez les six premières heures dans les cadrans avec les aiguilles.

1 　2 　3 　4 　5 　6

1. 人称代名詞強勢形
人称代名詞は前置詞の後に置かれると強勢形となる。
avec moi, avec toi, avec lui, avec elle,
avec nous, avec vous, avec eux

✎ 前置詞 **chez** を使って書いてみよう。Écrivez en français.
「明日君の家へ行くよ。」→ ＿＿＿＿＿＿＿＿.

☆誘いを受ける・断る
受ける：Avec plaisir. / Volontiers.「喜んで」
断る：Désolé(e), c'est loin.「ごめんなさい、遠いから。」と理由も合わせて言おう。

✎ 書いてみよう。Écrivez en français.
「ごめんなさい、授業 cours があるから。」→
＿＿＿＿＿＿＿＿＿＿＿＿＿＿＿＿＿

2. [1-51] 動詞 **connaître**
動詞の活用を発音して覚えよう。Prononcez la conjugaison du verbe *connaître*.
不定詞 connaître（知っている）の活用

je	connais	nous	connaiss**ons**
tu	connais	vous	connaiss**ez**
il/ elle /on	conna**î**t	ils/ elles	connaiss**ent**

3. [1-52] 動詞 **venir**
動詞の活用を発音して覚えよう。Prononcez la conjugaison du verbe *venir*.
不定詞 venir（来る）の活用

je	viens	nous	ven**ons**
tu	viens	vous	ven**ez**
il/ elle /on	vient	ils/ elles	vienn**ent**

☆前置詞 **à** と定冠詞 **le** の縮約
à + le → au
前置詞 à「～に」は定冠詞 le と合体して au という形になる。
au cinéma
※à + la の場合そのまま。
　à la soirée
右の場所へ行くと言ってみよう。Dites d'aller aux trois lieux suivants.

 cinéma　 théâtre
 bibliothèque

Leçon 1-8 Tu peux m'aider ?   Thème Chambre d'hôtes

1a [1-53] 会話を聞いて、シチュエーションはどちらか選ぼう。Écoutez le dialogue et choisissez la situation qui convient : « image gauche » ou « image droite » ?

gauche

droite

1b [1-53] もう一度聞いて、対応するフランス語を書こう。Écoutez encore. Choisissez et écrivez les phrases françaises qui correspondent au dialogue.

1_____ (   )

2_____ (   )

3_____ (   )

> Près de la place Bellecour.

> On dit une « chambre d'hôtes » en français.   Où est-ce que tu cherches à Lyon ?

> Cédric, tu peux m'aider ?   Je cherche une chambre chez l'habitant à Lyon.

1c フランス語に対応する日本語を選び、( ) にアルファベを書こう。Choisissez les phrases japonaises qui y correspondent et écrivez les lettres dans les endroits indiqués.

A：セドリック、手伝ってくれる？リヨンで民泊の部屋を探してるの。　C：フランス語では「シャンブルドット」って言うんだよ。

B：ベルクール広場のそば。　　　　　　　　　　　　　　　　　　リヨンのどこで探してるの？

1d 答え合わせをし、シャドーイングをし、近くの人とロールプレイをしよう。Corrigez les réponses, faites le shadowing et jouez le dialogue avec vos camarades.

2a [1-53] 会話の続きを聞いて書こう。Écoutez la suite du dialogue, choisissez et écrivez les réponses.

4_____ (   )

5_____ (   )

6_____ (   )

7_____ (   )

> Deux nuits.   Je vais rester de jeudi à samedi.

> Montre les photos ...   C'est une jolie chambre !   Et ce n'est pas cher !

> Tiens, tu te connectes à ce site.   Par exemple, on peut réserver « chez Hélène ».

> Combien de nuits ?

2b フランス語に対応する日本語を選び、( ) にアルファベを書こう。Choisissez les phrases japonaises qui y correspondent et écrivez les lettres dans les endroits indiqués.

D：何泊するの？　　　　　　　　　　　F：ほら、このサイトにログインして。例えば、「シェ・エレーヌ」を予約できるよ。

E：写真見せて… きれいな部屋！それに安いし！ G：２泊。木曜から土曜まで滞在するつもり。

2c 答え合わせをし、シャドーイングをし、近くの人とロールプレイをしよう。Corrigez les réponses, faites le shadowing et jouez le dialogue avec vos camarades.

2d 民泊とホテルの違いは何か考えよう。Comparez la chambre d'hôtes et l'hôtel, puis trouvez la différence.

une chambre d'hôtes une chambre d'hôtel

リスニング Compréhension orale

3 [1-54] 音源を聞いて空欄を埋め、ディクテをしよう。そのあとグループで演じてみよう。Faites la dictée. Ensuite jouez le dialogue avec des camarades.

Anri : Cédric, tu 1._____ m'aider ? Je cherche une chambre chez l'habitant à Lyon.

Cédric : 2._____ une « chambre d'hôtes » en français.
Où 3._____ tu cherches à Lyon ?

Anri : Près de la place Bellecour.

Cédric : Tiens, tu 4._____ à ce site.
Par exemple, 5. on _____ réserver « chez Hélène ».

Anri : Montre les photos... C'est une jolie chambre ! Et ce n'est pas cher !

Cédric : 6._____ nuits ?

Anri : Deux nuits. Je vais 7._____ de 8._____ à 9._____ .

4a [1-55] 音源を聞いて，有音の h を含む語にチェックを入れよう。
Écoutez et cochez le mot qui contient le h aspiré.

1. □ chambre d'h̲ôtes   □ sac d'H̲élène   □ le h̲éros
2. □ les h̲ôpitaux   □ les h̲alles   □ les h̲orloges

> 有音の h：エリジヨンしない、リエゾンしない
> 無音の h：エリジヨンする、リエゾンする

4b 辞書では、有音の h と無音の h はどのように区別されているか調べよう。Comment distingue-t-on un « h » aspiré et un « h » muet dans les dictionnaires ?

スピーキング En interaction

5 次の質問に、聞かれた言葉をリピートしながら答えよう。ペアで練習しよう。Répondez aux questions en répétant chaque fois un mot important. Entraînez-vous avec vos camarades.

1. Où est-ce qu'on peut avoir un plan de Lyon ? — Un plan de Lyon ? 場所を言おう
2. Je peux essayer cette jupe ? — Essayer la jupe ? 肯定で答えよう
3. Tu peux venir chez moi demain ? — Demain ? 否定で、理由も言おう

リーディング Compréhension écrite

6 民泊に関する文章を読もう。Lisez les phrases suivantes et répondez aux questions.

Chambre d'hôtes
La chambre d'hôtes est une chambre chez l'habitant, généralement louée à la nuitée. Vous partagez la maison du propriétaire. En chambre d'hôtes, le propriétaire vous accueille chez lui. Il vous confie la clé de sa maison et vous demande implicitement d'accepter ses règles de fonctionnement.

次の文が内容と合っていれば vrai, 間違っていれば faux にチェックを入れよう。Cochez la bonne réponse.

1. On peut louer une chambre d'hôtes pour juste une nuit. □ vrai □ faux
2. On ne peut pas avoir la clé de la maison. □ vrai □ faux
3. Le propriétaire de la maison vous demande d'accepter les règles de fonctionnement. □ vrai □ faux

ライティング Production écrite

7 クラスメイトの起きる時間と寝る時間について聞き、次の例のように書こう。Écrivez les heures de se lever et se coucher de vos camarades de classe comme dans l'exemple ci-dessous.

Ex.	Mina	Elle se lève à six heures et demie. Elle se couche à onze heures.
1		
2		
3		

文法　Ｇｒａｍｍａｉｒｅ

Leçon 1-8

1. 🎧 [1-56] 動詞 pouvoir

動詞の活用を発音して覚えよう。
Prononcez la conjugaison du verbe *pouvoir*.
不定詞 pouvoir（〜できる）の活用

je	peux	nous	pouv**ons**
tu	peux	vous	pouv**ez**
il / elle / on	peut	ils / elles	peuv**ent**

「〜することができる」というとき、どんな構文を用いる？
Exemple : **Je peux payer** par carte ?

主語＋ _pouvoir_ ＋動詞原形

2. 🎧 [1-57] 動詞 dire

動詞の活用を発音して覚えよう。
Prononcez la conjugaison du verbe *dire*.
不定詞 dire（言う）の活用

je	dis	nous	dis**ons**
tu	dis	vous	d**ites**
il / elle / on	dit	ils / elles	dis**ent**

✏️ フランス語で書こう。Écrivez en français.
「アデュー adieu とは言わない、さようならと言うね」
Je _____.

4. 🎧 [1-59] 代名動詞

主語と同じ再帰代名詞 se をともなう動詞。主語の動作が「自分に（を）」再帰する。再帰代名詞は動詞の前に置く。
coucher 寝かす → se coucher 寝る

je	me couche	nous	nous couch**ons**
tu	te couch**es**	vous	vous couch**ez**
il / elle / on	se couche	ils / elles	se couch**ent**

Je me couche à minuit.
Je me lève à sept heures. [lever 起こす → se lever 起きる]

3. 🎧 [1-58] ✏️ 代名動詞 se connecter

動詞の活用を書いてみよう。Écrivez la conjugaison du verbe *se connecter*.
不定詞 se connecter（ネットワークに接続する、ログインする）（-er 動詞）の活用

je	me connecte	nous	nous
tu	te	vous	vous
il / elle / on	se	ils / elles	se

5. 直接目的補語人称代名詞（COD）

動詞の直前に置く。

主語	je	tu	il	elle	nous	vous	ils	elles
	me (m')	te (t')	le (l')	la (l')	nous	vous	les	

Ex.) Tu aimes bien tes parents ? –Oui, je les aime beaucoup.
　　両親のこと好き？ ―うん、とても好きだよ。
Cédric, tu m'aides ? セドリック、手伝って？
Cédric, tu peux m'aider ? セドリック、手伝ってくれる？

6. 疑問副詞

1. où	どこ
2. combien	いくら、どれほど
3. combien de	いくつの、どれほどの
4. quoi	何
5. quand	いつ

【気づき】主語の on

動詞の活用は il/elle と同じ。会話で nous の代わりに用いられる。

7. est-ce que を用いた疑問文

Tu habites où ? → **Où est-ce que** tu habites ?
Il fait quoi ? → **Qu'est-ce qu'**il fait ?

✏️ est-ce que を用いた疑問文を書こう。Transformez en phrase interrogative avec *est-ce que*.
1. Tu fais quoi ? → _____
2. Ils vont venir quand ? → _____

🎧 [1-60] vocabulaire 曜日

図を見て、カレンダーに曜日を書き入れよう。Regardez l'image à gauche. Écrivez le jour de la semaine dans le calendrier.

lundi					samedi	dimanche
1	2	3	4	5	6	7

Leçon 7

Ⅰ. 次の時刻を算用数字で表そう。Écrivez en chiffres arabes.

1. Il est douze heures et demie.
   _____ 時 _____ 分
2. Il est dix-huit heures moins le quart.
   _____ 時 _____ 分
3. Il est minuit vingt-cinq. _____時_____分
4. Il est une heure et quart. _____時_____分

Ⅱ. 次の行事と日付を結ぼう。Associez la fête et la date.

1. メーデー ・ ・ le 14 juillet
2. クリスマスイブ ・ ・ le 24 décembre
3. 革命記念日 ・ ・ le 31 décembre
4. 新年 ・ ・ le 1er mai
5. 大みそか ・ ・ le 1er janvier

Ⅲ. 空欄に適切な強勢形を書き込もう。Mettez le pronom tonique.

1. Vous venez avec _____ ?
   私達と一緒に来ますか？
2. Désolé, je ne vais pas à Osaka avec _____ .
   ごめん、君とは大阪に行かない。
3. Téléphonez à _____ s'il vous plaît.
   彼に電話してください。
4. Nicolas va chez _____ à neuf heures.
   ニコラは9時に彼らの家へ行く。

Ⅳ. (　) の中の語を正しい語順に並べ替えて文を作ろう。Mettez dans l'ordre.

1. (de / vous / visiter Hiroshima / dit / ça) ?
   → _____ ?
2. (mon ami Corentin / tu / de Paris / connais) ?
   → _____ ?
3. (suis / le / dimanche / pas / ne / 9 octobre / je / libre) .
   → _____ .

Ⅴ. 次の言葉に合う表現を選んで書き入れよう。Choisissez les expressions qui conviennent et utilisez-les toutes.

1. 了解。 _____
2. 喜んで。 _____
3. 問題なし。 _____
   OK. Pas de problème. Avec plaisir.
   D'accord. Volontiers.

Ⅵ. 🔊 3-05 次の文の音源を聞き、フランス語で書こう。Dictée.
もしもし、6月5日の土曜は空いてる？一緒に映画に行かない？『ゴジラ（Godzilla）』のチケットが２枚あるんだ。グランシネマ（le Grand Cinéma）の前で14時に待ち合わせよう。いい？

_____
_____
_____

Leçon 8

Ⅰ. 代名動詞の活用です。結ぼう。Associez.

il ・

nous ・ ・ se ・ ・ connecte
elles ・ ・ me ・ ・ conectons
je ・ ・ nous ・ ・ connectes
tu ・ ・ te ・ ・ connectent

Ⅱ. pouvoir の活用を書こう。Conjuguez.

1. Tu _____ réserver une chambre.
2. Il _____ venir demain.
3. Vous _____ m'aider ?

Ⅲ. 曜日を表す語になるように並び替えよう。Mettez dans l'ordre.

1. d – j – u – e – i → _____
2. e – m – e – r – c – i – d – r → _____
3. m – e – d – h – a – i – c – n → _____

Ⅳ. 直接目的補語人称代名詞を書き入れよう。Complétez avec les pronoms personnels compléments d'objets directs.

1. Elle t'aime bien ? —Oui, elle ____ aime bien.
2. Tu aimes Paul ? —Oui, je ____ aime.

Ⅴ. dire の活用を書こう。Conjuguez.

1. On _____ 'bonjour' en français.
2. Il _____ quoi ?
3. Qu'est-ce qu'ils _____ ?

Ⅵ. 🔊 3-06 ルイがミドリのネット検索を手伝っています。音源を聞いて、語群を使って会話を完成させよう。
Complétez le dialogue avec où / dimanche / tu peux / tu te connectes / vendredi / on dit.

Louis : _____ m'aider ? Je cherche une chambre à Tokyo.

Midori : _____ « Minshuku » en japonais. _____ est-ce que tu cherches à Tokyo ?

Louis : Près de la gare d'Akihabara. Je reste deux nuits, de _____ à _____ .

Midori : Tiens, _____ à ce site...

Ⅶ. 『星の王子さま』からの抜粋です。どちらの英語訳と対応するか選ぼう。C'est l'extrait du *Petit prince*. Choisissez la traduction anglaise.

"Voici mon secret. Il est très simple : on ne voit bien qu'avec le cœur. L'essentiel est invisible pour les yeux."

A

"What is essential is invisible to the eye," the little prince repeated, so that he would be sure to remember. "It is the time you have wasted for your rose that makes your rose so important."

B

"And now here is my secret, a very simple secret : It is only with the heart that one can see rightly ; what is essential is invisible to the eye."

Vous voyez ces trois portes rouges ?

Thème Architecture

■a 🎧👥 会話を聞いて、シチュエーションはどちらか選ぼう。Écoutez le dialogue et choisissez la situation qui convient : « image gauche » ou « image droite » ?

gauche

droite

■b 🎧 もう一度聞いて、対応するフランス語を書こう。Écoutez encore, choisissez et écrivez les phrases françaises qui correspondent au dialogue.

1_____ (　　)

2_____ (　　)

| Excusez-moi, Monsieur, où se trouve l'église Saint-Paul ? | Je cherche un bistrot en face de l'église. |

| Vous voyez ces trois portes rouges, là-bas ? | C'est l'église Saint-Paul. |

■c 👤 フランス語に対応する日本語を選び、（　）にアルファベを書こう。Choisissez les phrases japonaises qui y correspondent et écrivez les lettres dans les endroits indiqués.

A：（指でさしながら）あそこにある、3つの赤い扉が見えますか？　あれがサン＝ポール教会ですよ。

B：すみません、サン＝ポール教会はどこにありますか？　教会の正面のビストロを探しているんです。

■d 👥 答え合わせをし、シャドーイングをし、近くの人とロールプレイをしよう。Corrigez les réponses, faites le shadowing et jouez le dialogue avec vos camarades.

■a 🎧 会話の続きを聞いて書こう。Écoutez la suite du dialogue, choisissez et écrivez les réponses.

3_____ (　　)

4_____ (　　)

5_____ (　　)

| De rien, bonne soirée. |

| Ah oui, c'est une belle église ! | Merci Monsieur ! |

| C'est difficile à trouver. | Le panneau du bistrot est trop petit pour le remarquer et les lettres aussi sont trop petites... |

■b 👤 フランス語に対応する日本語を選び、（　）にアルファベを書こう。Choisissez les phrases japonaises qui y correspondent et écrivez les lettres dans les endroits indiqués.

C：ああホントだ、美しい教会ですね！ありがとうございます！　　E：（一人で）見つけるのって大変。ビストロの看板

D：どういたしまして、よい夜を。　　　　　　　　　　　　　　　　　は小さすぎて気づかないし、字も小さすぎる…

■c 👥 答え合わせをし、シャドーイングをし、近くの人とロールプレイをしよう。Corrigez les réponses, faites le shadowing et jouez le dialogue avec vos camarades.

■d 👥 ビストロとブラッスリーの違いを考えよう。Quelle est la différence entre « un bistrot » et « une brasserie » ?

bistrot

brasserie

リスニング　Compréhension orale

3 🎧 1-62 👥 音源を聞いて空欄を埋め、ディクテをしよう。そのあとグループで演じてみよう。Faites la dictée.
Ensuite jouez le dialogue avec des camarades.

Anri : Excusez-moi, Monsieur, où 1._____ l'église Saint-Paul ? Je cherche un bistrot en face de l'église.

Passant : (indiquant du doigt) 2._____ ces trois portes 3._____, là-bas ? C'est l'église Saint-Paul.

Anri : Ah oui, c'est une 4._____. Merci Monsieur !

Passant : De rien, bonne soirée.

Anri（seule）: C'est difficile à trouver. Le panneau du bistrot est 5._____ pour le remarquer et les lettres aussi sont 6._____ ...

4a 🎧 1-63 👤 音源を聞いて、発音されたものにチェックをしよう。Écoutez et cochez ce que vous entendez.

1. ☐ Où se trouve la station de métro ? ☐ Où se trouve la gare ? ☐ Où est la station de métro ?
2. ☐ Je trouve un café à côté. ☐ Je cherche un café en face. ☐ Je vois un café en face.
3. ☐ Vous voyez la porte rouge. ☐ Vous trouvez la porte bleue. ☐ Vous voyez la porte blanche.

4b 🎧 1-64 👤 音源を聞いて、発音されたものにチェックをしよう。Écoutez et cochez ce que vous entendez.

1. [s] の音があるのは？　☐ A　　　　　☐ B
2. [ʃ] の音があるのは？　☐ A　　　　　☐ B

> 🎧 1-64 [s] bistrot（ス）
> [ʃ] cherche（シュ）を聞き分けよう

スピーキング　En interaction

5 👥 以下の場所を尋ね、答える会話をペアでしよう。Faites un dialogue avec votre camarade, en demandant un endroit et en y répondant. Utilisez les mots indiqués.

1. ビストロMEY：メトロの駅 / 正面のビストロ / 赤いドア
2. クレープ屋（crêperie）：バス停（arrêt de bus）/ 正面のカフェ / 青いテント

bistrot MEY　　　station de métro　　　crêperie　　　arrêt de bus

リーディング　Compréhension écrite

6 📖 次の文を読んで、下の問いに答えてみよう。Lisez les infos et choisissez la bonne réponse.

> **L'église Saint-Paul se trouve dans le quartier du Marais. Le nom de Marais vient d'un ancien terrain marécageux. Vous avez la maison de Victor Hugo, le musée Picasso, le musée Carnavalet, etc. Ce sont d'anciens hôtels particuliers des siècles précédents. C'est un quartier élégant qui possède des boutiques de mode, de nombreux restaurants de cuisine étrangère et des clubs gay.**

1. Le Marais est　☐ un musée.　　☐ un quartier.　　☐ une église.
2. On trouve dans le Marais des bars et des bistros gay.　☐ vrai　☐ faux
3. Le musée Picasso est une ancienne maison particulière.　☐ vrai　☐ faux

ライティング　Production écrite

7 ✏️ あなたはあんりです。セドリックにメールを書こう。通行人に話しかける前です。Vous êtes Anri. Écrivez un mail à Cédric avant de demander au passant.

> ▪ ▪
>
> Cher Cédric,
>
> Je suis perdue ! Je vois bien le temple du Marais mais...
>
> Bises,
> Anri

1. 🔊[1-65] 動詞 voir

動詞の活用を発音して覚えよう。Prononcez la conjugaison du verbe *voir*.

不定詞 voir（見える、会う、わかる）の活用

je	vois	nous	voy**ons**
tu	vois	vous	voy**ez**
il/ elle/ on	voit	ils/ elles	voi**ent**

2. 🔊[1-66] 🖊 動詞 se trouver

動詞の活用を書いてみよう。Écrivez la conjugaison du verbe *se trouver*.

不定詞 se trouver（いる、ある）（=être）の活用

je	me trouv**e**	nous	
tu		vous	
il/ elle/ on		ils/ elles	

3. 🖊 疑問詞 où「どこ」＋動詞＋名詞（主語）を使ってみよう。Ecrivez en français.

1. リヨンはフランスのどこにあるの？

_____

2. 彼らは今、どこにいるの？

_____

4. 指示形容詞「この」「その」「あの」

男性単数	女性単数	（男女）複数
ce / cet（後ろに母音が続くとき）	cette	ces

🖊 適切な指示形容詞を選ぼう。Choisissez l'adjectif démonstratif correct.

1. (Ces / Cette) lettres sont trop petites.
2. Le jaune est à la mode (cette / cet) été.

☆形容詞

男性形と女性形を結ぼう。Associez.

beau　　　・　　　・noire
vieux　　　・　　　・belle
blanc　　　・　　　・jaune
bleu　　　・　　　・vieille
jaune　　　・　　　・bleue
noir　　　・　　　・grande
grand　　　・　　　・blanche

☆🔊[1-67] 🖊 vocabulaire 位置を表す前置詞句

結ぼう。Associez.

1. près de　　　・　　　・〜のとなりに・の
2. à côté de　　　・　　　・〜のうしろに・の
3. devant　　　・　　　・〜の近くに・の
4. derrière　　　・　　　・〜の前に・の
5. en face de　　　・　　　・〜の正面に・の
6. à gauche de　・　　　・〜の右に・の
7. à droite de　　・　　　・〜の左に・の
8. dans　　　・　　　・〜の中に・の

🖊 🔲 フランス語で書いて言ってみよう。

Écrivez en français et prononcez.

1. サン＝シュルピス教会はどこですか？

_____ l'Église Saint-Sulpice ?

2. 教会の近くのビストロを探しています。

Je cherche _____ .

5. 形容詞の位置と形

①前後の名詞にかかる付加的用法

ces trois portes rouges ／ une belle église

原則的に名詞の後に置く。（→ L.1-6）一部の形容詞（大きい、小さい、古い、美しいなど）は名詞の前に置く。かかる名詞に一致。

②属詞になる属詞的用法

Le panneau du bistrot est trop petit ／ les lettres sont trop petites.

主語に一致。

🖊 書き入れよう。Complétez.

1. この美しい教会　_____ _____ église
2. このドアは白い。_____ porte est _____.
3. この教会は美しい。_____ _____ est _____.
4. この小さくて感じが良いビストロ _____ _____ _____ _____

🖊 🔲 前置詞句を左から選び、番号を書き入れよう（英語も参考に）。対応しない語もあります。Choisissez les chiffres.

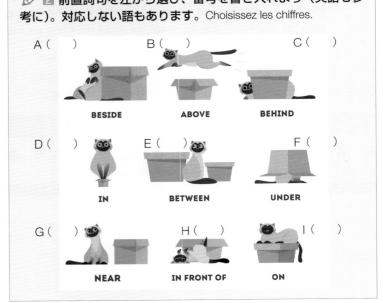

A (　　) BESIDE
B (　　) ABOVE
C (　　) BEHIND
D (　　) IN
E (　　) BETWEEN
F (　　) UNDER
G (　　) NEAR
H (　　) IN FRONT OF
I (　　) ON

Qu'est-ce que tu manges ?

Thème **Menu**

1a 🎧 会話を聞いて、シチュエーションはどちらか選ぼう。Écoutez le dialogue et choisissez la situation qui convient : « image gauche » ou « image droite » ?

gauche

droite

1b 🎧👤 もう一度聞いて、対応するフランス語を書こう。Écoutez encore. Choisissez et écrivez les phrases françaises qui correspondent au dialogue.

1＿＿＿＿＿＿＿＿＿＿＿＿＿＿＿＿＿＿＿＿＿＿＿＿（　　）
2＿＿＿＿＿＿＿＿＿＿＿＿＿＿＿＿＿＿＿＿＿＿＿＿（　　）
3＿＿＿＿＿＿＿＿＿＿＿＿＿＿＿＿＿＿＿＿＿＿＿＿（　　）
4＿＿＿＿＿＿＿＿＿＿＿＿＿＿＿＿＿＿＿＿＿＿＿＿（　　）

| J'ai envie de manger du poisson. | Le menu à 20 euros, ça va ? | Qu'est-ce que tu manges ? |

| Et on boit du vin rouge ? | Moi, je vais manger de la viande. |

1c 👤 フランス語に対応する日本語を選び、（　）にアルファベを書こう。
Choisissez les phrases japonaises qui y correspondent et écrivez les lettres dans les endroits indiqués.

A：魚が食べたいな。　　　　C：20ユーロのコース料理でいい？何食べる？
B：僕は、肉にしようかな。　　D：それと赤ワインを飲む？

dessert

1d 👥 答え合わせをし、シャドーイングをし、近くの人とロールプレイをしよう。
Corrigez les réponses, faites le shadowing et jouez les rôles.

fromage

2a 👥 フランスのコース料理では、デザートとチーズはどちらが先でしょう？
Que sert-on en premier quand on prend un menu français, le dessert ou le fromage ?

2b 🎧👤 会話の続きを聞いて書こう。Écoutez la suite du dialogue, choisissez et écrivez les phrases.

5＿＿＿＿＿＿＿＿＿＿＿＿＿＿＿＿＿＿＿＿＿＿＿＿（　　）
6＿＿＿＿＿＿＿＿＿＿＿＿＿＿＿＿＿＿＿＿＿＿＿＿（　　）
7＿＿＿＿＿＿＿＿＿＿＿＿＿＿＿＿＿＿＿＿＿＿＿＿（　　）
8＿＿＿＿＿＿＿＿＿＿＿＿＿＿＿＿＿＿＿＿＿＿＿＿（　　）

| Comme plat, un sauté de saumon et un magret de canard. |

| Oui.　Comme entrée, on prend une salade composée et un pâté en croûte. |

| Vous avez choisi ? |

| Et deux verres de vin rouge, s'il vous plaît. |

2c 👤 フランス語に対応する日本語を選び、（　）にアルファベを書こう。Choisissez les phrases japonaises qui y correspondent et écrivez les lettres dans les endroits indiqués.

E：それとグラスの赤ワインを2つください。　　G：メインは、サーモンのソテーと鴨の胸肉を。
F：お決まりですか？　　　　　　　　　　　　H：はい。前菜は、盛り合わせサラダとパテのパイ包みにします。

2d 👥 答え合わせをし、シャドーイングをし、近くの人とロールプレイをしよう。Corrigez les réponses, faites le shadowing et jouez le dialogue avec vos camarades.

リスニング　Compréhension orale

3 [1-69] 音源を聞いて空欄を埋め、ディクテをしよう。そのあとグループで演じてみよう。Faites la dictée. Ensuite jouez le dialogue avec des camarades.

①Cédric　　　: Le menu à 20 euros, ça va ?　Qu'est-ce que tu **1.**_____ ?

　Anri　　　 : J'ai envie de manger **2.**_____ poisson.

　Cédric　　　 Moi, je **3.**_____ manger **4.**_____ viande.

　Anri　　　 : Et on **5.**_____ du vin rouge ?

②Serveuse　 : Vous avez choisi ?

　Cédric　　　 : Oui. Comme entrée, on prend **6.**_____ salade composée et **7.**_____ pâté en croûte.

　Anri　　　 : Comme plat, **8.**_____ sauté de saumon et **9.**_____ magret de canard.

　Cédric　　　 : Et **10.**_____ verres de vin rouge, s'il vous plaît.

4 [1-70] 音源を聞き、発音記号のように発音された語にチェックを入れよう。Écoutez et cochez le mot qui se prononce comme le signe phonétique.

1. [s] ☐ <u>c</u>édric　　　　☐ <u>c</u>anard　　　☐ <u>c</u>afé
2. [k] ☐ <u>ç</u>a　　　　　　☐ <u>c</u>omme　　　☐ <u>c</u>'est
3. [g] ☐ <u>c</u>inquante　　　☐ <u>c</u>ombien　　☐ se<u>c</u>ond

> cには［s］［k］［g］の
> 3つの発音がある。

スピーキング　En interaction

5 p.37の「コース料理」「飲み物」を使い、**3**のように店員とお客（2人以上）になって会話しよう。Jouez les rôles de serveur et des clients comme dans l'exercice **3**, en utilisant la liste du menu et des boissons de la page 37.

リーディング　Compréhension écrite

6a フランス料理のレシピを読み、和訳しよう。Lisez la recette de ce plat français. Traduisez en japonais.

Tartiflette au camembert	カマンベールのタルティフレット
Pour deux personnes, ingrédients : 500g de pommes de terre, 100g de lardons coupés, 100g d'oignons, 1 camembert, huile d'olive, sel et poivre. **1) Faites revenir les lardons dans une poêle. Ajoutez les oignons finement coupés, les pommes de terre pelées et coupées en rondelles.** **2) Faites cuire le tout à feu moyen. Salez et poivrez.** **3) Découpez le fromage en lamelles épaisses.** **4) Placez dans un plat à gratin une couche de la préparation. Puis disposez la moitié du camembert.** **5) Versez le restant de la préparation sur le fromage. Disposez le restant de fromage. Enfournez pendant 20 minutes.**	

6b Tartiflette は、どこの地方のどのような料理か、グループで話し合おう。De quelle région est la tartiflette ?　C'est quelle cuisine ? Discutez en groupe.

ライティング　Production écrite

7 あなたは友人を誘い、ビストロMEY に夕食をしに行くことにしました。日時、メニューを決めて、メールを書こう。Écrivez un mail pour inviter des amis à dîner au Bistro MEY, en fixant la date, l'heure et le menu.

INVITATION

On va dîner au Bistrot MEY,

1. 1-71 ✏ 動詞 manger

動詞の活用を書こう。Écrivez la conjugaison du verbe *manger*.

不定詞 manger（食べる）

je		nous	mange**ons**
tu		vous	
il / elle / on		ils / elles	

2. 1-72 動詞 boire

動詞の活用を発音して覚えよう。Prononcez la conjugaison du verbe *boire*.

不定詞 boire（飲む）

je	bois	nous	buv**ons**
tu	bois	vous	buv**ez**
il / elle / on	boi**t**	ils / elles	boiv**ent**

3. 1-73 動詞 choisir

動詞の活用を発音して覚えよう。Prononcez la conjugaison du verbe *choisir*.

不定詞 choisir（選ぶ）

je	choisi**s**	nous	choisiss**ons**
tu	choisi**s**	vous	choisiss**ez**
il / elle / on	choisi**t**	ils / elles	choisiss**ent**

4. 部分冠詞

男性名詞（m.）	女性名詞（f.）
du poisson	**de la** viande, **de l'**eau

数えられない名詞について「いくらかの量の」を示す。
母音字や無音の h の前では **de l'** になる。

✏ 1 manger か boire の活用を書き入れよう。

Complétez avec le verbe *manger* ou *boire*.

1. Le matin, tu ＿＿＿＿＿＿＿ du pain ou du riz ?
2. Le soir, je ＿＿＿＿＿＿＿ du vin ou de la bière.
3. Nous ＿＿＿＿＿＿＿ souvent des pommes.

5. ✏ 〈avoir envie de＋動詞〉「～したい」

フランス語で書こう。Écrivez en français.

1. 私は肉が食べたい。

＿＿＿＿＿＿＿＿＿＿＿＿＿＿＿＿＿＿＿＿.

2. 私たち on は水が飲みたい。

＿＿＿＿＿＿＿＿＿＿＿＿＿＿＿＿＿＿＿＿

1-74 vocabulaire コース料理

Bistro MEY　~Menu à 20 €~		
Entrées 前菜	1 Salade (f.) composée（盛り合わせサラダ）	
	2 Pâté (m.) en croûte（パテのパイ生地包み）	
Plats 主菜	Poissons 魚	3 Sauté (m.) de saumon（サーモンのソテー）
		4 Sole (f.) meunière（シタビラメのムニエル）
	Viandes 肉	5 Steak (m.) frites（ステーキとフライドポテト）
		6 Magret (m.) de canard（鴨の胸肉）
Desserts デザート	7 Tarte (f.) aux pommes（アップルパイ）	
	8 Crème (f.) brûlée（クレームブリュレ）	

1-75 ☆飲み物

Boissons 飲み物	café (m.)（コーヒー）
	thé (m.)（紅茶）
	vin (m.) rouge / blanc（赤 / 白ワイン）
	verre (m.)（グラス）
	bouteille (f.)（ボトル）
	eau (m.) minérale（ミネラルウォーター、有料）
	carafe (f.) d'eau（水差しの水、無料）

✏ 次の写真に合うメニューの番号を書こう。Associez les lettres aux chiffres correspondants.

A（　）　　B（　）　　C（　）　　D（　）

E（　）　　F（　）　　G（　）　　H（　）

6. ✏ 〈不定冠詞＋容れもの＋de / d'＋飲み物〉

フランス語で書こう。Écrivez en français.

1. グラスの白ワイン　＿＿＿＿＿＿＿
2. ボトルのミネラルウォーター

＿＿＿＿＿＿＿＿＿＿＿＿＿＿＿＿＿＿＿＿

Leçon 9

Ⅰ. 次の動詞の適切な活用形を書き入れよう。Conjuguez les verbes *voir* et *se trouver*.

1. Qu'est-ce que tu（voir 見える）＿＿＿＿ devant toi ?
   -Je（voir 見える）＿＿＿＿un tableau.
2. Nous（voir 会う）＿＿＿＿notre ami demain.
3. Il（se trouver いる）＿＿＿＿＿où ?
4. Mes amis（se trouver いる）＿＿＿＿＿ au Brésil en ce moment.

Ⅱ. 次の空欄に ce, cet, cette, ces, un, une, des のいずれかを入れよう。Mettez l'adjectif démonstratif qui convient.

1. Qu'est-ce que c'est, ＿＿＿＿ église ?
   -C'est la cathédrale de Notre-Dame de Paris. C'est ＿＿＿ monument très célèbre de Paris.
2. ＿＿＿＿ chambre est excellente. C'est ＿＿＿ belle chambre avec vue sur la mer.
3. Vous cherchez ＿＿＿ livre ?
   -Oui, je cherche ＿＿＿＿ livres illustrés pour mes enfants.

Ⅲ.（ ）内の単語を並べ替えて適切な配置をしよう。Mettez les mots dans l'ordre.

1. Il a les（yeux, grands, verts）＿＿＿＿＿＿.
2. C'est une（ville, petite, merveilleuse）
   ＿＿＿＿＿＿＿＿＿＿＿＿＿＿.
3. Ce metteur en scène fait un（film, noir et blanc, français）＿＿＿＿＿＿＿＿＿.

Ⅳ. 次の地図をみて、文章に en face, derrière, près de, à côté のいずれかを使い、位置を記そう。Regardez la carte et mettez les quatre locutions prépositionnelles dans les cases vides.

Les Deux Magots
●

Musée Eugène Delacroix ●

Vous êtes ici
●

Église Saint-Germain-des-Prés

● Place de Furstemberg

Ⓜ Métro Saint-Germain-des-Prés

● Square Félix Desruelles

1. Le square Félix Desruelles se trouve ＿＿＿＿ de l'église.
2. Le musée Eugène Delacroix est ＿＿＿＿ la place de Furstemberg.
3. L'église Saint-Germain-des-Prés se trouve ＿＿＿＿ du restaurant *Les Deux Magots*.
4. Le musée Eugène Delacroix est ＿＿＿＿ l'église Saint-Germain-des-Prés.

Leçon 10

Ⅰ. 次の空欄に manger, boire, choisir のなかから適切な動詞を選び活用させて記入しよう。Choisissez le verbe qui convient et écrivez la forme conjuguée.

1. J'ai faim. On ＿＿＿＿ d'abord, et on travaille après, ça va ?
2. Qu'est-ce que tu ＿＿＿＿?
   -Je vais ＿＿＿＿ du jus d'orange.
3. Fanny et Xavier, il y a quatre restaurants dans ce quartier. Voilà les photos. ＿＿＿＿ un restaurant s'il vous plaît.
4. Qu'est-ce que vous ＿＿＿＿ le soir en général ?

Ⅱ. 次の空欄に、un, une, des, du, de la, de l' のいずれかの冠詞を入れよう。Mettez l'article qui convient.

～Recette de « Assortiment de toasts »～

1. Coupez ＿＿＿＿ baguette ficelle en tranches.
2. Faites revenir ＿＿＿＿ lardons coupés avec ＿＿＿＿ huile d'olive.
3. Sur les tartines, déposez ＿＿＿＿ jambon cru, ＿＿＿＿ crème et ＿＿＿＿ fromage. Bon appétit !

Ⅲ. avoir envie de ... を使った文を二つ作ろう。Ecrivez deux phrases en utilisant l'expression *avoir envie de ...*

1. ＿＿＿＿＿＿＿＿＿＿＿＿＿＿＿＿＿＿
2. ＿＿＿＿＿＿＿＿＿＿＿＿＿＿＿＿＿＿

Ⅳ. 各都市、各国にはいわゆる名物があります。写真と名前を結ぼう。Reliez les photos et les noms de plat.

a （ ）   b （ ）

c （ ）   d （ ）

1. Gaufres（en Belgique）
2. Fondue au fromage（en Savoie et en Suisse）
3. Poutine（au Québec）
4. Choucroute（en Alsace-Lorraine）

Ⅴ. 次の文を日本語に訳そう。下線部は、どのようなものか調べてみよう。Traduisez en japonais. Et cherchez des informations sur « le frigo collectif ».

Comment lutter le gaspillage alimentaire, un des grands problèmes sociaux en France ? On jette des tonnes d'aliments non-consommés. Vous partez en vacances. Il reste beaucoup de nourriture chez vous. Vous la partagez avec vos voisins et des inconnus via le frigo collectif.

1a 🎧📱 会話を聞いて、シチュエーションはどちらか選ぼう。Écoutez le dialogue et choisissez la situation qui convient : « image gauche » ou « image droite » ?

gauche

droite

1b 🎧📱 もう一度聞いて、対応するフランス語を書こう。Écoutez encore. Choisissez et écrivez les phrases françaises qui correspondent au dialogue.

1_____ ( )   3_____ ( )

2_____ ( )   4_____ ( )

| Pourquoi vous êtes venue à Lyon ?

| C'était comment, la quenelle de brochet ?

| Hum... C'était très bon.   La sauce Nantua était délicieuse.

| Je suis venue voir le spectacle musical du *Petit prince*.

1c 📱 フランス語に対応する日本語を選び、（ ）にアルファベを書こう。Choisissez les phrases japonaises qui y correspondent et écrivez les lettres dans les endroits indiqués.

A：ウーン… とても美味しかったです。ナンチュアソースが美味でした。　C：なぜリヨンにいらしたのですか？

B：『星の王子さま』のスペクタクル・ミュージカルを見に。　D：いかがでしたか、カワカマスのクネルは？

1d 📱 答え合わせをし、シャドーイングをし、近くの人とロールプレイをしよう。Corrigez les réponses, faites le shadowing et jouez le dialogue avec vos camarades

2a 📱 次の中でサン＝テグジュペリが書いた本ではないのはどれでしょう。Trouvez le livre d'un autre écrivain que Saint-Exupéry.

1. *Le petit prince*　　2. *Courrier sud*　　3. *Antoine de Saint-Exupéry*　　4. *Vol de nuit*　　5. *Terre des hommes*

2b 🎧📱 会話の続きを聞いて書こう。Écoutez la suite du dialogue, choisissez et écrivez les réponses.

5_____ ( )

6_____ ( )

7_____ ( )

8_____ ( )

| C'est une belle ville traditionnelle.

| Oui, c'est vrai.   Je peux vous demander l'addition s'il vous plaît ?

| Vous avez lu *Le petit prince* de Saint-Exupéry ?

| Oui, en anglais. C'était émouvant. J'aimerais le lire en français.   Je voudrais revenir à Lyon pour un séjour linguistique.

2c 📱 フランス語に対応する日本語を選び、（ ）にアルファベを書こう。Choisissez les phrases japonaises qui y correspondent et écrivez les lettres dans les endroits indiqués.

E：『星の王子さま』は読みましたか？　G：確かにそうですね。お勘定お願いできますか？

F：伝統がある美しい都市ですよ。　　H：はい、英語で。感動的でした。フランス語で読みたいです。リヨンに語学留学でもう一度来たいなあ。

2d 📱 答え合わせをし、シャドーイングをし、近くの人とロールプレイをしよう。Corrigez les réponses, faites le shadowing et jouez le dialogue avec vos camarades.

リスニング　Compréhension orale

3 🎵 [1-77] 👥 音源を聞いて空欄を埋め、ディクテをしよう。そのあとグループで演じてみよう。Faites la dictée. Ensuite jouez le dialogue avec des camarades.

Le serveur : C' 1._____ comment, la quenelle de brochet ?

Anri : Hum... C'était très 2._____. La sauce Nantua était délicieuse.

Le serveur : Pourquoi vous êtes 3._____ à Lyon ?

Anri : Je suis venue voir le spectacle musical du *Petit prince*.

Le serveur : Vous avez 4._____ *Le petit prince* de Saint-Exupéry ?

Anri : Oui, en anglais. C'était émouvant. J'aimerais 5._____ lire en français. Je voudrais revenir à Lyon pour un séjour linguistique.

Le serveur : C'est une belle ville 6._____.

Anri : Oui, c'est vrai. Je peux 7._____ demander l'addition, s'il vous plaît ?

4 🎵 [1-78] 👤 音源を聞いて、正しいものにチェックしよう。Écoutez et cochez ce que vous entendez.

1. [ʒ] の発音は？　　　☐ je　　　　☐ délicieuse

2. [z] の発音は？　　　☐ séjour　　☐ française

3. Saint-Exupéryの発音は？　☐ [ʒ]　　☐ [z]

> 聞いて発音しよう。Ecoutez et prononcez après nous.
> [ʒ] rouge（ジュ）　[z] musical（ズ）
> Saint-Exupéry のことを「サンテックス」Saint-Exとよくいいます。

スピーキング　En interaction

5 👥 リヨンに旅をしているあなたは、現地の人と話しています。「なぜ来たの？」「～のためです」とペアで会話をしよう。Vous êtes à Lyon. Vous rencontrez un Lyonnais. Faites un dialogue en utilisant *Pourquoi... Pour...*

Lyonnais : Pourquoi vous êtes venu(e) à Lyon ?　pour + 動詞の原形「～のために」

「観光です」faire du tourisme

「星の王子さまミュージアムを見に来ました」aller au musée du *Petit prince*

「友達に会いにきました」voir un(e) ami(e), mon ami(e) など

リーディング　Compréhension écrite

6 👤📖 次のサイトを読み、あなたとあなたの祖母（67才）は50 €の『星の王子さま』のスペクタクル・ミュージカルのチケット予約をしたいと思っています。このサイトで買うといくら払えばよいでしょう。Vous et votre grand-mère (67 ans) consultez un site web pour acheter deux tickets pour voir le spectacle musical du *Petit prince*. Combien devez-vous payer ?

> **Spectacle musical : *Le petit prince* le samedi 25 septembre**
> On propose un spectacle musical du conte de Saint-Exupéry, associant musique, chant et danse.
> La réservation :
> Pour la vente des billets sur notre site internet, une majoration de 0,60 €/ billet est appliquée.
> **TARIFS RÉDUITS**
> bénéficient d'une réduction de 10%
> — les moins de 25 ans
> — les personnes âgées à partir de 65 ans
> — les demandeurs d'emploi
> — les achats groupés d'au moins 15 billets de même catégorie pour une même représentation,
> — les titulaires des minima sociaux

ライティング　Production écrite

7 👤✏️ あなたはあんりです。リヨンに来た一日の日記をつけよう。Vous êtes Anri. Vous êtes à Lyon. Écrivez votre journée dans votre journal.

> Je suis venue à Lyon aujourd'hui.　　　　　　　le 5 mai
> ...

8 ✏️👥 François Mauriac, Victor Hugo, Jules Vernes は、下のどの都市と関係が深いでしょうか。どのような関係か考えてみよう。Reliez les trois écrivains aux villes ci-dessous et dites avec quelle relation ils y sont liés.

1. Nantes

2. Bordeaux

3. Paris

1. 🎧 1-79 être を助動詞にとる venir の複合過去形（完了形）
完了した出来事を表す。
動詞の活用を発音して覚えよう。Prononcez la conjugaison du verbe *venir* au passé composé.
不定詞 être の活用形 + venir の過去分詞 venu

je	suis venu(e)	nous	sommes venu(e)(s)
tu	es venu(e)	vous	êtes venu(e)(s)
il	est venu	ils	sont venus
elle	est venue	elles	sont venues
on	est venu(e)(s)		

venir の他 aller, retourner, partir, sortir, arriver, naître, mourir など往来発着を表す動詞は助動詞に être をとる。
過去分詞に性数の一致が起きる。

✐ 次の文をフランス語で書いて言おう。Écrivez en français et prononcez.
私はパリに来た。＿＿＿＿＿＿＿＿＿＿＿＿＿＿＿.

2. 🎧 1-80 過去分詞
動詞不定詞と過去分詞形を結ぼう。Reliez les infinitifs et leur participe passé.

partir（出発する）　　・ 　　・ né
sortir（外出する）　　・ 　　・ entré
entrer（入る）　　　・ 　　・ resté
descendre（降りる）　・ 　　・ arrivé
monter（上る）　　　・ 　　・ sorti
naître（生まれる）　　・ 　　・ parti
rester（残る、滞在する）・ 　　・ allé
aller（行く）　　　　・ 　　・ monté
arriver（到着する）　・ 　　・ descendu

✐ 次の文をフランス語で書いて言おう。Écrivez en français et prononcez.
1. 君は何日間 combien de jours フランスにいたの？
→＿＿＿＿＿＿＿＿＿＿＿＿＿＿＿＿＿＿＿？
2. 僕は一週間フランスにいた。
→＿＿＿＿＿＿＿＿＿＿＿＿＿＿＿＿＿＿＿.

4. 🎧 1-81 動詞 être
動詞の活用を発音して覚えよう。Prononcez la conjugaison du verbe *être* à l'imparfait.
不定詞 être（いる、ある）の半過去形の活用

j'	étais	nous	étions
tu	étais	vous	étiez
il/ elle/ on	était	ils / elles	étaient

過去の状態を表す。
C'était comment ?「どうだった？」
C'était très bon.「美味しかった。」
C'était émouvant.「感動的でした。」

✐ 次の文をフランス語で書いて言おう。Écrivez en français et prononcez.
スペクタクル・ミュージカルは興味深かった intéressant。
＿＿＿＿＿＿＿＿＿＿＿＿＿＿＿＿＿＿＿.

3. venir / aller ＋動詞不定詞
動詞不定詞を加えて「～しに来る」「～しに行く」という表現ができる。
venir + voir「会いに来る」
aller + voir「会いに行く」

✐ 複合過去形にしてみよう。Transformez en passé composé.
1. Je viens voir ma grand-mère.
→＿＿＿＿＿＿＿＿＿＿＿＿＿＿＿.
2. Je vais voir ma grand-mère.
→＿＿＿＿＿＿＿＿＿＿＿＿＿＿＿.

☆条件法現在形の用法
①話し手の願望（②より丁寧）
J'aimerais ...「～したいのですが」（＞ aimer 好きだ）
②語気緩和
Je voudrais ...「～したいのですが」（＞ vouloir 望む）

【気づき】
「英語で言う」「フランス語で読む」など「（～語）で」（手段）は、en を使う。

5. pourquoi を使った疑問文と答え方
Pourquoi ? と聞かれたら、**pour + 不定詞**あるいは **parce que S + V** で答えることができる。
Ex.)
A：Pourquoi vous êtes venu à Lyon ?
B：— Pour voir un spectacle musical.
　　— Parce que j'ai voulu voir un musical du *Petit prince*.

✐ 上の会話を訳そう。Traduisez en japonais.
A：＿＿＿＿＿＿＿＿＿＿＿＿＿＿＿＿
B：＿＿＿＿＿＿＿＿＿＿＿＿＿＿＿＿

6. 人称代名詞（直接目的補語と間接目的補語）COD, COI の語順
直接目的語 le, la, les と間接目的語 me, te, lui, nous, vous, leur は動詞の直前に置く。
Exemple：Vous avez lu *Le petit prince* de Saint-Exupéry ?（直接目的補語）
→ Oui, j'aimerais **le** lire en français.
Je peux **vous** demander l'addition ?（間接目的補語）= Je peux demander l'addition *à vous* ?

✐ 質問に答えよう。Répondez à la question.
Vous voulez voir *la statue de Saint-Exupéry* ?
— Oui, je ＿＿＿＿＿＿＿＿＿＿＿＿＿＿＿.

J'ai visité la ville.

Thème **Bordeaux**

■1a 🎧 👥 会話を聞いて、シチュエーションはどちらか選ぼう。Écoutez le dialogue et choisissez la situation qui convient : « image gauche » ou « image droite » ?

gauche

droite

■1b 🎧 👤 もう一度聞いて、対応するフランス語を書こう。Écoutez encore, choisissez et écrivez les phrases françaises qui correspondent au dialogue.

1_____( )

2_____( )

3_____( )

4_____( )

| J'ai visité la ville. | Tu es arrivée à Bordeaux à quelle heure ? |
| Et qu'est-ce que tu as fait à Bordeaux ? | Je suis arrivée à 11h. |

■1c 👤 フランス語に対応する日本語を選び、（ ）にアルファベを書こう。Choisissez les phrases japonaises qui y correspondent et écrivez les lettres dans les endroits indiqués.

A：11時に着いたよ。　　　　　　　　　　　　　　C：ボルドーに何時に着いたの？
B：それでボルドーで何したの？　　　　　　　　　D：街を訪ねたよ。

■1d 👥 答え合わせをし、シャドーイングをし、近くの人とロールプレイをしよう。Corrigez les réponses, faites le shadowing et jouez le dialogue avec vos camarades.

■2a 👥 あんりが訪れたボルドーはなんと呼ばれているでしょう？Quel est le surnom de Bordeaux ?

a. Le port de la lune
b. La ville rose
c. La ville blanche

■2b 🎧 👤 会話の続きを聞いて書こう。Écoutez la suite du dialogue, choisissez et écrivez les réponses.

5_____( )

6_____( )

7_____( )

J'ai vu *Giselle* à Tokyo il y a un an.	La compagnie de Bordeaux n'est pas mal.	Tu fais de la danse classique, Nicolas ?
C'était formidable !	La ballerine dans le rôle de Giselle était parfaite !	J'ai adoré la lumière, aussi !
Oui, j'en ai fait pendant 5 ans, mais je n'en fais plus maintenant.		

■2c 👤 フランス語に対応する日本語を選び、（ ）にアルファベを書こう。Choisissez les phrases japonaises qui y correspondent et écrivez les lettres dans les endroits indiqués.

E：1年前に東京で「ジゼル」を観たの。ボルドーのバレエ団ってかなりいいよね。ニコラはクラシックダンスをするの？
F：うん、5年間してたんだけど、今はもうしてない。
G：素晴らしかった！ジゼル役のバレリーナが完璧だった！照明もすごく気に入った！

■2d 👥 答え合わせをし、シャドーイングをし、近くの人とロールプレイをしよう。Corrigez les réponses, faites le shadowing et jouez le dialogue avec vos camarades.

リスニング Compréhension orale

③ [1-83] 音源を聞いて空欄を埋め、ディクテをしよう。そのあとグループで演じてみよう。Faites la dictée. Ensuite jouez le dialogue avec des camarades.

① Nicolas : Tu 1._____ à Bordeaux à quelle heure ?

Anri : Je 2._____ à 11h.

Nicolas : Et qu'est-ce que tu as fait à Bordeaux ?

Anri : 3._____ la ville.

② Nicolas : C'était formidable ! La ballerine dans le rôle de Giselle était parfaite ! 4._____ la lumière, aussi !

Anri : 5._____ *Giselle* à Tokyo il y a un an. La compagnie de Bordeaux n'est pas mal. Tu fais de la danse classique, Nicolas ?

Nicolas : Oui, 6._____ fait pendant 5 ans, mais je 7._____ plus maintenant.

4a [1-84] 音源を聞いて、発音されたものにチェックをしよう。Écoutez et cochez ce que vous entendez.

1. ☐ Je suis allé au cinéma.　　☐ Je suis allé au café.　　☐ Je suis allé à Bordeaux.
2. ☐ J'ai visité un musée.　　☐ J'ai visité un ami.　　☐ J'ai visité la ville.
3. ☐ Tu fais de la danse ?　　☐ Tu as fait de la danse ?　　☐ Tu en as fait ?
4. ☐ Je n'en fais plus.　　☐ Je ne fais pas de danse.　　☐ Je n'en fais pas.

4b [1-85] 音源を聞いて、発音されたものにチェックをしよう。Écoutez et cochez ce que vous entendez.

1. 語末のeを発音しないのは　　☐ j'aim*e*　　☐ j'ai aim*é*

2. 語末の母音を発音しないのは　　☐ ven*u*　　☐ théâtr*e*　　☐ am*i*

※語末の e [ə]（ウ）は発音しない

スピーキング En interaction

⑤ 先週末したこと、またその感想を例のように友達に話してみよう。Racontez ce que vous avez fait ce weekend à votre voisin comme dans l'exemple.

Ex. A : Qu'est-ce que tu as fait ce weekend ?

B : Je suis allé(e) dans un café. Ce n'était pas mal.

aller dans un café　　chatter avec des amis　　aller chez mes grands-parents　　faire du shopping

リーディング Compréhension écrite

⑥ あなたはある劇場の館内ツアーに参加することにしました。①参加費（あなたと友人）、②参加できる曜日と時間を以下から読み取ろう。Lisez et trouvez les frais de participation, la date et l'horaire de cet événement.

Tarifs
7 euros pour les adultes
5 euros pour les moins de 18 ans
Accès
Station **Blanche** de la ligne de métro B, sortie 3
Les bus, 21 et 49
Horaires de la visite guidée
Les visites se font tous les mardi et vendredi à 15 heures et 18 heures
Contact
Réservation pour visites : 06 66 83 85 51

①Frais　　:_____
②Date　　:_____
　Horaire　:_____

ライティング Production écrite

⑦ あなたはあんりです。ボルドーでしたことをセドリックにメールで知らせよう。Vous êtes Anri. Écrivez par mail à Cédric pour lui dire ce que vous avez fait à Bordeaux.

Cher Cédric,
Je suis à Bordeaux !

Bises,
Anri

1. 🎧 1-86 動詞 visiter

動詞の活用を発音して覚えよう。Prononcez la conjugaison du verbe *visiter* au passé composé.

不定詞 avoir の活用形＋ visiter の過去分詞 visité

j'	ai visité	nous	avons visité
tu	as visité	vous	avez visité
il / elle / on a visité		ils / elles ont visité	

過去分詞に性数の一致は起きない。

🖊 次の文をフランス語で書いてみよう。

Écrivez en français et prononcez.

「照明がすごく気に入った。」

J'ai _____.

3. 🎧 1-88 🖊 動詞 aller

動詞の活用を書いてみよう。Écrivez la conjugaison du verbe *aller* au passé composé.

不定詞 aller（行く）の複合過去形の活用

je	suis allé(e)	nous	
tu		vous	
il		ils	
elle		elles	
on			

4. 🎧 1-89 🖊 動詞 faire

動詞の活用を書いて覚えよう。Écrivez la conjugaison du verbe *faire* au passé composé.

不定詞 faire（する）の複合過去形の活用

j'	ai fait	nous	
tu		vous	
il / elle / on		ils / elles	

5. 複合過去形の否定文

助動詞を ne...pas で挟む。Je n'ai pas visité Lyon.

🖊 次の文を否定文で書き換えよう。Transformez en forme négative.

1. J'ai vu Bernard à Bordeaux.

→ _____.

2. Je suis venue ici avec Nicolas.

→ _____.

🎧 1-90 vocabulaire 過去の行為についてコメント

🖊 左と右を結ぼう。Associez.

美味しかった ・　　　　・C'était délicieux.

退屈だった ・　　　　・C'était reposant.

疲れた ・　　　　・C'était fatigant.

癒された ・　　　　・C'était ennuyeux.

2. 🎧 1-87 動詞 arriver

動詞の活用を発音して覚えよう。Prononcez la conjugaison du verbe *arriver* au passé composé.

不定詞 arriver（到着する）の複合過去形の活用

je	suis arrivé(e)	nous	sommes arrivé(e)s
tu	es arrivé(e)	vous	êtes arrivé(e)(s)
il	est arrivé	ils	sont arrivés
elle	est arrivée	elles	sont arrivées
on	est arrivé(e)(s)		

☆複合過去形の助動詞

① avoir か être を使う

②場所の移動・状態の変化を表す自動詞の場合、être、その他は avoir を使う

☆過去分詞の作り方

不定詞の語尾が -er => –é

aimer => aimé

不定詞の語尾が -ir => –i

choisir => choisi

その他：

venir => venu

voir => vu

dire => dit

---

1 過去分詞

不定詞を過去分詞と結ぼう。Associez l'infinitif au participe passé.

lire ・　　・ fait

prendre ・　　・ pu

pouvoir ・　　・ connu

chercher ・　　・ lu

faire ・　　・ été

connaître ・　　・ pris

être ・　　・ eu

avoir ・　　・ cherché

venir ・　　・ venu

voir ・　　・ vu

2 助動詞

過去分詞を助動詞と結ぼう。Associez le participe passé à leur auxiliaire.

fait ・

arrivé ・

connu ・

sorti ・　　　　・ avoir

été ・

pris ・

eu ・　　　　・ être

bu ・

venu ・

vu ・

6. 中性代名詞 en

部分冠詞＋名詞にかわる。

🖊 書き入れよう。Complétez.

1. オドレーはサッカーをする？　―うん、するよ。

Audrey fait du football ?　—Oui, elle ___ fait.

2. ニコラはダンスするの？　―いいえ、しないよ。

Nicolas fait de la danse ?　—Non, il n'___ fait pas.

☆もはや～ない

ne...plus で動詞を挟む。

🖊 書き入れよう。Complétez.

1. 彼はもうダンスをしない。

Il _____ fait _____ de danse.

2. 私はもうサッカーが好きではない。

Je _____ aime _____ le football.

Leçon 11

Ⅰ. 性数一致に気をつけて、e, s, es を書き入れよう。不要の場合はØと書こう。 Complétez avec le participe passé.

1. Anri est venu_____ .
2. Cédric est resté_____ à Paris.
3. Anri et Cédric, ils sont sorti_____ ensemble.
4. Elles sont allé_____ au stade.

Ⅱ. 複合過去形に書き換えよう。 Mettez au passé.

Anri (aller)_____ à Lyon ; elle (partir)_____ jeudi. Elle (entrer)_____ dans un restaurant. Elle (rester)_____ deux jours dans cette ville. Elle (rentrer)_____ samedi.

Ⅲ. 複合過去形を書き入れよう。 Complétez avec le participe passé.

1. D'habitude, Cédric ne reste pas à la maison le week-end mais il _____ chez lui ce samedi.
2. D'habitude, ils ne viennent pas à l'heure mais ils _____ à l'heure hier.
3. D'habitude, Anri ne rentre pas tôt mais elle _____ à midi hier.

Ⅳ. 否定形で書き入れよう。 Mettez à la forme négative.

1. D'habitude, Audrey reste à la maison le weekend mais ce samedi, elle _____ à la maison.
2. D'habitude, Anri va au cinéma le mercredi mais hier, elle _____ au cinéma.
3. D'habitude, Cédric vient avec Anri mais, il _____ avec elle hier.

Ⅴ. être の半過去形を書き入れよう。 Mettez à l'imparfait le verbe *être*.

1. Anri _____ à Tokyo.
2. Anri et Cédric _____ ensemble à Paris.
3. C'_____ émouvant.

Ⅵ. 答えと状況を選ぼう。 Associez.

1. C'était comment, le magret de canard ?
   → ____ ____
2. Pourquoi vous êtes venu à Paris ? → ____ ____
3. Elle est allée où ? → ____ ____
4. C'était comment, *Le petit prince* ? → ____ ____
a. Elle est allée à Lyon.   b. C'était émouvant.
c. C'était bon.   d. Je suis venu faire du tourisme.

a.

b.

c.

d.

Leçon 12

Ⅰ. ( ) の動詞を複合過去にして文を完成させよう。 Mettez au passé composé.

1. Je (visiter) Versailles.
   →_____
2. Nous (adorer) le ballet.
   →_____
3. Stéphan (arriver) le 17 septembre.
   →_____.
4. Tu (faire) du shopping hier ?
   →_____?
5. Elle (avoir) envie de boire du café.
   →_____
6. Elles (aller) à Nantes il y a 3 ans.
   →_____.

Ⅱ. 次の疑問文に対し、中性代名詞 en を使って答えよう。 Répondez en utilisant le pronom neutre *en*.

1. Thomas fait <u>du tennis</u> ?
   — Oui, _____.
2. Elle mange <u>du poisson</u> ?
   — Non, _____.
3. Tu bois <u>de l'eau</u> ?
   — Oui, _____.

Ⅲ. 次の疑問文に対し、否定文で答えよう。 Répondez à la forme négative.

1. Ils sont restés ici ?
   — Non, _____.
2. Marine a pris une douche ?
   — Non, _____.
3. Tu as visité un musée ?
   — Non, _____.

Ⅳ. 次の文を ne (n') ... plus の文に書きかえよう。 Répondez en utilisant *ne (n') ... plus*.

1. Elle habite à Amiens.
   →_____
2. Je prends des photos de la mer d'Okinawa.
   →_____.
3. Vous faites du football ?
   — _____

Ⅴ. 3-07 次の文の音源を聞き、フランス語で書こう。 Dictée.

元気？　ボルドーに着いたよ。月の港は素晴らしかった。ショッピングはしなかったけど、ボルドーワインを飲んだ。美味しかったよ。君はこの週末何したの？

_____
_____
_____
_____

Leçon I-13 Je reviendrai en France.

Thème **Voyage**

WELCOME

1a ☷ 🔊 会話を聞いて、シチュエーションはどちらか選ぼう。Écoutez le dialogue et choisissez la situation qui convient : « image gauche » ou « image droite » ?

gauche

droite

1b 🔊 もう一度聞いて、対応するフランス語を書こう。Écoutez encore. Choisissez et écrivez les phrases françaises qui correspondent au dialogue.

1_____ (   )

2_____ (   )

3_____ (   )

4_____ (   )

| Tu pourrais t'inscrire dans un programme d'échange. | Tu veux continuer à étudier le français, Anri ?

| Oui. Je reviendrai en France pour prendre des cours de langue, j'espère.

| J'ai passé dix jours en France.   Je suis allée à Lyon et à Bordeaux.

1c ☷ フランス語に対応する日本語を選び、( ) にアルファベを書こう。Choisissez les phrases japonaises qui y correspondent et écrivez les lettres dans les endroits indiqués.

A：フランス滞在10日間。リヨンとボルドーに行ったなあ。　　C：うん。フランス語の語学研修を受けにフランスにまた来たいと思ってるよ。
B：交換留学プログラムに申し込んでもいいかもね。　　　　　D：あんりはフランス語の勉強続けたい？

1d ☷ 答え合わせをし、シャドーイングをし、近くの人とロールプレイをしよう。Corrigez les réponses, faites le shadowing et jouez le dialogue avec vos camarades.

2a ☷ 🔊 右のフランスの都市を人口が多い順に並べ替えよう。Mettez les villes dans l'ordre de la population.

régions de France

Rennes		Lille
Bordeaux		Lyon
Toulouse		Marseille

1. [   ]   4. [   ]
2. [   ]   5. [   ]
3. [   ]   6. [   ]

2b 🔊 会話の続きを聞いて書こう。Écoutez la suite du dialogue, choisissez et écrivez les réponses.

5_____ (   )

6_____ (   )

7_____ (   )

8_____ (   )

| Je compte aller au Japon l'hiver prochain, je t'écrirai. | À bientôt, Cédric !

| Le grand Bouddha de Kamakura.   Je préparerai mon voyage.

| D'accord.   Qu'est-ce que tu voudrais voir au Japon ?

2c ☷ フランス語に対応する日本語を選び、( ) にアルファベを書こう。Choisissez les phrases japonaises qui y correspondent et écrivez les lettres dans les endroits indiqués.

E：今度の冬、日本に行くつもりだからさ、メールするよ。　　G：じゃあまたね、セドリック！
F：わかった。日本で何を見たい？　　　　　　　　　　　　　H：鎌倉の大仏。旅行の準備をしようっと。

2d ☷ 答え合わせをし、シャドーイングをし、近くの人とロールプレイをしよう。Corrigez les réponses, faites le shadowing et jouez le dialogue avec vos camarades.

リスニング　Compréhension orale

3 🔊 1-92 👥 音源を聞いて空欄を埋め、ディクテをしよう。そのあとグループで演じてみよう。Faites la dictée. Ensuite jouez le dialogue avec des camarades.

① Anri　　：J'ai 1._____ dix jours en France. Je suis 2._____ à Lyon et à Bordeaux.

　 Cédric ：Tu veux continuer 3._____ étudier le français, Anri ?

　 Anri　　：Oui. Je 4._____ en France pour prendre des cours de langue, j'espère.

　 Cédric ：Tu 5._____ t'inscrire dans un programme d'échange.

② Cédric ：Je compte aller au Japon l'hiver prochain, je t'6._____.

　 Anri　　：D'accord. Qu'est-ce que tu 7._____ voir au Japon ?

　 Cédric ：Le grand Bouddha de Kamakura. Je 8._____ mon voyage.

　 Anri　　：À bientôt, Cédric !

> (1-93) 聞いて発音しよう。Écoutez et prononcez après nous.
> [R] Rennes（ヘヌ）　[l] Lille（リル）

4 🔊 1-93 👤 音源を聞いて、発音されたものにチェックをしよう。Écoutez et cochez ce que vous entendez.

1. ☐ J'irai à Londres.　　　　☐ J'aimerais aller à Londres.　　　☐ J'aime aller à Tokyo.
2. ☐ vous pouvez　　　　　　☐ vous pourrez　　　　　　　　　　☐ vous pourriez
3. ☐ Je ne suis pas allé au Japon.　☐ Je ne suis jamais allé au Japon.　☐ Je ne suis pas encore allé au Japon.
4. [R] [l] のうち、どちらが聞こえてきましたか？1. ☐ [R]　　☐ [l]　　2. ☐ [R]　　☐ [l]　　3. ☐ [R]　　☐ [l]　　4. ☐ [R]　　☐ [l]

スピーキング　En interaction

5 👥 ペアになって、フランスの語学研修 les cours de langue に行く予定ついて、日にち、費用、必要書類など話し合おう。単純未来形を使おう。Avec un voisin, faites un dialogue sur les cours de langue en France. Utilisez le futur simple.

A：いつ？　どこ？_____　　　　A：どのくらいの費用？_____

B：_____　　　　B：_____

A：どのくらいの期間？_____　　　A：必要書類？_____

B：_____　　　　B：_____

リーディング　Compréhension écrite

6 👤📖 次の文を読み、下の質問で、正しいものにチェックをしよう。Lisez les infos et choisissez la bonne

> **Une enquête montre que les Français choisissent massivement Internet pour acheter leurs billets d'avion (le taux du marché en ligne atteignait presque la moitié des voyageurs). Un Français sur cinq sollicite les agences de voyages, dont 25% de personnes âgées mais seulement 10% chez les jeunes (18-34 ans) nés avec un smartphone en main.**

1. ☐ 10% des personnes âgées préfèrent acheter les billets d'avion dans les agences de voyage.
　☐ La moitié des voyageurs français utilisent Internet pour acheter leurs billets d'avion.
　☐ Les jeunes Français ont de plus en plus un smartphone en main pendant leurs voyages.
2. ☐ L'enquête montre la préférence des Français d'aller acheter à l'agence de voyage.
　☐ On a fait une enquête auprès des voyageurs français sur leur façon d'acheter les billets d'avion.
　☐ 25% des voyageurs français ont leurs billets d'avion via les sites Internet.

ライティング　Production écrite

7 👤✏️ あなたの友人のチェン Chen があなたの大学へ留学することが決まり、あなたに1日間だけ、町を案内してくれないかと言っています。そのプランをチェンにメールで提案しよう。Votre ami Chen vient étudier à votre université. Il vous demande de le guider dans votre ville. Proposez un programme et envoyez-le par mail à Chen.

Cher Chen,

...

Bises

1. 🎧 1-94 動詞 venir

動詞の活用を発音して覚えよう。Prononcez la conjugaison du verbe *venir*, au futur simple.

不定詞 venir（来る）の単純未来形の活用

je	viend**rai**	nous	viend**rons**
tu	viend**ras**	vous	viend**rez**
il/ elle/ on	viend**ra**	ils/ elles	viend**ront**

re**venir**（また来る、戻る）は上記 venir の活用を使う。
🖉 **次の文をフランス語で書いて言おう。** Écrivez en français et prononcez.
フランスにまた来ますか？
_____ ?

3. 🎧 1-96 単純未来形

活用語尾は全ての動詞に共通。

je	**-rai**	nous	**-rons**
tu	**-ras**	vous	**-rez**
il/ elle/ on	**-ra**	ils/ elles	**-ront**

語幹は原則として動詞不定詞から r(re) を省いたもの。
🖉 **動詞の活用を書いてみよう。** Écrivez la conjugaison des verbes *préparer*, *aller* et *être*, au futur simple.

不定詞 préparer（準備する）の単純未来形の活用

je	prépare**rai**	nous	
tu		vous	
il/ elle/ on		ils / elles	

不定詞 aller（行く）（語幹は i）

j'	i**rai**	nous	
tu		vous	
il/ elle/ on		ils / elles	

不定詞 être（いる）（語幹は se）

je	se**rai**	nous	
tu		vous	
il/ elle/ on		ils / elles	

4. 🎧 1-97 条件法現在形

活用語尾は全ての動詞に共通。語幹は単純未来形と同じ。

je	**-rais**	nous	**-rions**
tu	**-rais**	vous	**-riez**
il/ elle/ on	**-rait**	ils/ elles	**-raient**

語気緩和用法（助言・提案）。断言をさけるので丁寧な言い方となる。
Ex.: Tu pourrais t'inscrire dans un programme d'échange.
🖉 **動詞の活用を書いてみよう。** Écrivez la conjugaison du verbe *pouvoir*.

不定詞 pouvoir（～できる）の条件法現在

je	pour**rais**	nous	
tu		vous	
il/ elle/ on		ils / elles	

2. 🎧 1-95 動詞 écrire

動詞の活用を発音して覚えよう。Prononcez la conjugaison du verbe *écrire*, au futur simple.

不定詞 écrire（書く）の単純未来形の活用

j'	écri**rai**	nous	écri**rons**
tu	écri**ras**	vous	écri**rez**
il/ elle/ on	écri**ra**	ils/ elles	écri**ront**

🖉 **次の文をフランス語で書いて言おう。** Écrivez en français et prononcez.
明日あなたにメールを書きます。
_____ .

☆動詞 passer

① 「～を過ごす」（他動詞）
複合過去形で助動詞に avoir をとる。
② 「立ち寄る」（自動詞）
複合過去形で助動詞に être をとる。
🖉 **次の文をフランス語で書いて言おう。**
Écrivez en français et prononcez.
私は本屋 librairie に寄った。
_____ .

vocabulaire

🖉 日本語とフランス語を結ぼう。Associez le japonais et le français.

1. 語学研修　　　　　　・　　・ j'espère
2. 交換留学プログラム ・　　・ cours linguistiques
3. I hope　　　　　　　・　　・ à bientôt
4. またね　　　　　　　・　　・ programme d'échange
5. 来年の夏　　　　　　・　　・ l'été prochain

🖉 **フランス語学研修の書類を書いてみよう**（p.49をダウンロードしよう）。
Remplissez la fiche d'inscription.（→p.49 à télécharger）

☆単純未来形と条件法現在の違い

単純未来形は起こりうることを淡々と述べているのに対し、条件法現在は感情が入ってくる。

【気づき】tu, vousの単純過去形は、未来だけでなく、命令の意味にもなる。
Tu vas au cours.「君は授業に行く」
Tu iras au cours.「授業に行きなよ」

☆単純未来形と条件法現在形

どちらか見分けよう。☑を入れよう。
Futur simple ou conditionnel présent ? Cochez.

1. tu pourras 　　□単純未来　　□条件法現在
2. vous voudriez 　□単純未来　　□条件法現在
3. je devrai 　　　□単純未来　　□条件法現在
4. tu aimeras 　　□単純未来　　□条件法現在

Leçon 13

Ⅰ.（　　）の中の語を正しい語順に並べ替えて文を作ろう。Mettez dans l'ordre.

1.（ reviendrai / le printemps / je / prochain ）．

_____．

2.（ à / jamais / elle / Bruxelles / allée / n'est ）．

_____．

3.（ linguistiques / participer à / tu / des cours / pourrais ）．

_____．

Ⅱ.［　　］の中の動詞を単純未来に活用させよう。Conjuguez le verbe au futur simple.

1. Je _____ quinze jours à Hokkaido. ［passer］

2. Léa t'_____ un mail. ［écrire］

3. Les ministres _____ au Musée d'Orsay. ［venir］

4. Vous _____ ouvert jusqu'à quelle heure ce soir ? ［être］

5. Mon père et moi, nous _____ en Turquie l'été prochain. ［aller］

Ⅲ. 動詞 **vouloir** の条件法現在形の活用を書こう。Écrivez la conjugaison du verbe *vouloir* au mode conditionnel présent.

je voudr**ais**	nous
tu	vous
il / elle / on	ils / elles

Ⅳ. 次の文を、条件法現在形を使ってフランス語で書こう。Écrivez en utilisant le mode conditionnel présent.

1. 私は明日到着できるでしょう。（pouvoir）

_____．

2. 私はワインが飲みたいです。（vouloir）

_____．

Ⅴ. 次の文を複合過去形にしよう。Transformez en passé composé.

1. Je passe un bon moment avec vous.

　→ _____．

2. Nous passons à l'hôpital pour voir ma mère.

　→ _____．

Ⅵ. 🎧 3-08 次の文の音源を聞き、フランス語で書こう。Dictée.

来年の夏、トゥールーズへまた来るよ。語学研修を受けるため、と思ってる。それとサッカーの試合を観たいな。じゃあまたね！

_____

_____

_____

_____

UI

Université internationale
FICHE d'INSCRIPTION POUR LES COURS DE FRANÇAIS

ETAT-CIVIL

☐ Monsieur　☐ Madame

Nom : ....

Prénom : ....

Date de naissance : ....

Nationalité : ....

Adresse : ....

....

....

Code Postal : ....

Ville : ....

Pays : ....

Téléphone : ....

Email : ....

NIVEAU DE LANGUE

☐ débutant　☐ débutant A1　☐ débutant A2
☐ intermédiaire B1　☐ intermédiaire B2

CHOIX DU PARTICIPANT

☐ Session 1
（du 6 juillet au 28 juillet 20xx）750 €

☐ Session 2
（du 4 septembre au 26 septembre 20xx）680 €

INFORMATIONS COMPLÉMENTAIRES

Comment avez-vous obtenu des informations sur les cours de l'Université Internationale d'été ?

☐ Votre université　☐ Internet
☐ Autre : ....

Si vous êtes étudiant
Dans quelle université étudiez-vous ?
....

Quelle est la motivation de l'inscription aux cours ?
....
....
....

Date : ....
Signature : ....

Partie 2

第2部

2-1 Je suis en technologie. | *Thème* Vie étudiante

1a 🔊2-01 👥 会話を聞いて、シチュエーションはどちらか選ぼう。Écoutez le dialogue et choisissez la situation qui convient : « image gauche » ou « image droite » ?

gauche

droite

1b 🔊2-01 👤 もう一度聞いて、対応するフランス語を書こう。Écoutez encore. Choisissez et écrivez les phrases françaises qui correspondent au dialogue.

1_____( )
2_____( )
3_____( )
4_____( )

| Oui. Bonjour. | Je suis Bernard. | Je m'appelle Anri. | J'étudie l'anglais, je suis en deuxième année.

| Bonjour ! | Tu es français ? | Je suis en technologie. | La technologie japonaise est impressionnante.

1c 👤 フランス語に対応する日本語を選び、( ) にアルファベを書こう。Choisissez les phrases japonaises qui y correspondent et écrivez les lettres dans les endroits indiqués.

A：そうだよ。こんにちは。ベルナールだよ。　　　　C：こんにちは！ あなたはフランス人？
B：私はあんり。英語を勉強している2年生よ。　　　　D：僕は工学部だよ。日本の工学技術は素晴らしいよね。

1d 👥 答え合わせをし、シャドーイングをし、近くの人とロールプレイをしよう。Corrigez les réponses, faites le shadowing et jouez le dialogue avec vos camarades.

2a 👥 下の図を比べ、違いは何か考えよう。Comparez les données sur les étudiants étrangers en France et celles au Japon, puis trouvez la différence.

1. フランスに多い外国人留学生トップ4
Les étudiants étrangers en France

marocain　　algérien　　chinois　　italien

2. 日本に多い外国人留学生トップ4
Les étudiants étrangers au Japon

Chinois　vietnamien　népalais　coréen

2b 🔊2-01 👤 会話の続きを聞いて書こう。Écoutez la suite du dialogue, choisissez et écrivez les réponses.

5_____( )
6_____( )
7_____( )
8_____( )

| Je suis contente de parler avec toi. | Je suis allée en France au printemps.

| Moi aussi ! | Excuse-moi, j'ai un cours maintenant. | Je dois partir. | C'est vrai ?

2c 👤 フランス語に対応する日本語を選び、( ) にアルファベを書こう。Choisissez les phrases japonaises qui y correspondent et écrivez les lettres dans les endroits indiqués.

E：あなたと話せてうれしいな。　　　　　　　　G：僕も！ ごめんね、授業があるんだ。もう行かなくちゃ。
F：春にフランスに行ったんだ。　　　　　　　　H：ほんと？

2d 👥 答え合わせをし、シャドーイングをし、近くの人とロールプレイをしよう。Corrigez les réponses, faites le shadowing et jouez le dialogue avec vos camarades.

リスニング　Compréhension orale

3 2-02 音源を聞いて空欄を埋め、ディクテをしよう。そのあとグループで演じてみよう。Faites la dictée. Ensuite jouez le dialogue avec des camarades.

Anri ：Bonjour. Tu 1._____ français ?

Bernard：Oui. Bonjour. Je 2._____ Bernard.

Anri ：Je 3._____ Anri. J'étudie 4._____ anglais, je suis 5._____ deuxième année.

Bernard：Je suis 6._____ technologie. La technologie japonaise est impressionnante.

Anri ：Je 7._____ en France au printemps.

Bernard：C'est vrai ?

Anri ：Je suis contente de parler avec toi.

Bernard：Moi aussi ! Excuse-moi, 8._____ un cours maintenant. Je 9._____ partir.

4 2-03 音源を聞いて、発音されたものにチェックをしよう。Écoutez et cochez ce que vous entendez.

1. ☐ Je suis en espagnol.　　☐ Je suis en économie.　　☐ Je suis en anglais.
2. ☐ première année　　☐ premier étage　　☐ première période
3. ☐ Elle est contente.　　☐ Il est content.　　☐ Elles sont contentes.

スピーキング　En interaction

5 **3** のように日本人学生と外国人留学生になって会話しよう。外国人留学生の役をする人は、名前、国籍、学部などを決めておこう。Jouez les rôles d'étudiant japonais et d'étudiant étranger comme dans l'exercice **3**. Celui qui joue le rôle d'étudiant étranger, décide son nom, sa nationalité et sa faculté.

リーディング　Compréhension écrite

6a フランス人学生がしている10種類のアルバイトについて読み、和訳しよう。Lisez et traduisez en japonais le texte sur les 10 petits jobs des étudiants français.

> **Un étudiant sur deux travaille pendant l'année universitaire.**
> **1. Baby-sitter　2. Assistant(e) d'éducation　3. Serveur(se)　4. Employé(e) de fast-food　5. livreur de repas　6. Cours de soutien 7. Soutien informatique 8. Hôte ou hôtesse d'accueil　9. Enquêteur/enquêtrice 10. Distributeur de flyers**

➡

6b 日本の学生のアルバイトについて、多いものを上記の番号から選ぼう。En groupe, discutez sur les petits jobs des étudiants japonais. Écrivez-les en français en regardant le classement dans **6a**.

6c フランス留学をするときに欠かせない用語と、その説明を結ぼう。Associez les mots indispensables pour étudier en France à leur explication.

1. FLE　　　　　　　●　　　　　　●aides financières notamment concernant le logement
2. allocations　　　●　　　　　　●document officiel qui fait foi du droit à la résidence en France
3. carte de séjour ●　　　　　　●Français Langue Étrangère

ライティング　Production écrite

7 あんりになって、出会ったばかりのベルナールのことを日記に書こう。Vous êtes Anri. Écrivez dans votre journal votre rencontre avec Bernard.

le 20 sept.
_____

_____

文法　Grammaire

1. 動詞 devoir 〔2-04〕

動詞の活用を発音して覚えよう。Prononcez la conjugaison du verbe *devoir*.

不定詞 devoir（〜ねばならない）の活用

je	dois	nous	dev**ons**
tu	dois	vous	dev**ez**
il / elle / on	doit	ils / elles	doi**vent**

「〜ねばならない」というとき、
どんな構文を用いる？
Ex.) Je dois partir.

主語＋ <u>devoir</u> ＋動詞原形

✏️ devoir の活用を書き入れよう。Complétez avec le verbe *devoir*.

1. Je _____ téléphoner à ma mère.
2. Quand est-ce que tu _____ finir ce travail ?
3. Qu'est-ce que nous _____ faire ?

☆感情表現 〔2-05〕

〈être＋形容詞〉

1	content, contente	うれしい
2	heureux, heureuse	幸せな
3	nerveux, nerveuse	いらいらする
4	triste, triste	悲しい

✏️ 形容詞を書き入れよう。Complétez avec l'adjectif.

1. Tu (m.) es _____ ? [content]
2. Elle est _____ . [nerveux]
3. Taku est _____ . [triste]

☆ être content(e) / heureux(se) de＋動詞の原形
「〜して嬉しい」
Ex.) Je suis content de parler avec toi.

4.「ここで働く travailler ことをとても嬉しく思います。」
Je suis très content de _____ ici.
5.「あなたと一緒で être avec vous 大変嬉しいです。」
Je suis _____.

☆学部・学科 〔2-06〕

✏️ 正しい語を選んで書き入れよう。Choisissez et écrivez le mot correct.

1	en lettres	文学部に
2	en _____	法学部に
3	en _____	英語学部に
4	en _____	経済学部に

économie, droit, anglais

☆「〜時限目の授業がある」

〈avoir cours en ＋ 序数 ＋ période (f.)〉
J'ai cours en première période.

☆学年

「〜年生である」
〈être en ＋序数＋ année (f.)〉
Rina est en première année.
女性名詞が後につづくときは、
premier ではなく _____ となる。
→序数（L.1-3）

✏️ 和訳しよう。Traduisez.
A : Tu es en quelle année ?
B : Je suis en première année. Et toi ?
A : Moi, je suis en deuxième année.

☆名詞＋形容詞

✏️ 正しい形容詞を選び、写真にふさわしい番号を書き入れよう。Choisissez l'adjectif qui convient et associez les chiffres aux photos correspondantes.

Ex.) Le technologie japonaise est impressionnante.

1. Les joueurs de football ・　・française ・　・excellente
2. La gastronomie ・　・français ・　・excellentes
3. Les voitures ・　・belges ・　・excellent
4. L'ecosystème ・　・allemandes ・　・excellents

A (　) 　B (　) 　C (　) 　D (　)

2-2 Leçon Qu'est-ce que tu fais ?

Thème **Rue commerçante**

1a [2-07] 会話を聞いて、シチュエーションはどちらか選ぼう。Écoutez le dialogue et choisissez la situation qui convient : « image gauche » ou « image droite » ?

gauche   droite

1b (2-07) もう一度聞いて、対応するフランス語を書こう。Écoutez encore, choisissez et écrivez les phrases françaises qui correspondent au dialogue.

1 _____ ( )
2 _____ ( )
3 _____ ( ) 4 _____ ( )
5 _____ ( )

| Avec Chen.

| Je travaille dans cette épicerie. Je travaille avec Chen.

| Ah, vous travaillez ensemble. Je veux travailler, moi aussi.

| Salut, Bernard ! Qu'est-ce que tu fais ?

| Avec qui ?

1c フランス語に対応する日本語を選び、( )にアルファベを書こう。Choisissez les phrases japonaises qui y correspondent et écrivez les lettres dans les endroits indiqués.

A：誰と？
B：ああ、一緒に働いてるのね。私もバイトしたいな。
C：こんにちは、ベルナール！ 何してるの？
D：チェンとだよ。
E：この八百屋で働いているんだ。チェンと一緒に働いてる。

1d 答え合わせをし、シャドーイングをし、近くの人とロールプレイをしよう。Corrigez les réponses, faites le shadowing et jouez le dialogue avec vos camarades.

2a (2-07) 会話の続きを聞いて書こう。Écoutez la suite du dialogue, choisissez et écrivez les réponses.

6 _____ ( )
7 _____ ( )
8 _____ ( )

| Moi, j'habite à 40 minutes d'ici. J'habite avec ma famille. | Tu habites près d'ici ?

| Oui, je n'habite pas loin.

2b フランス語に対応する日本語を選び、( )にアルファベを書こう。Choisissez les phrases japonaises qui y correspondent et écrivez les lettres dans les endroits indiqués.

F：うん、近くに住んでるよ。
G：このあたりに住んでるの？
H：私はここから40分のところに住んでるよ。家族と住んでるの。

2c 答え合わせをし、シャドーイングをし、近くの人とロールプレイをしよう。Corrigez les réponses, faites le shadowing et jouez le dialogue avec vos camarades.

2d 屋根付き商店街はどちらでしょう？Quelle photo représente la galerie couverte ?

Galerie Vivienne

Passage des Petites Écuries

リスニング　Compréhension orale

3　🎧 2-08 👥 音源を聞いて空欄を埋め、ディクテをしよう。そのあとグループで演じてみよう。Faites la dictée. Ensuite jouez le dialogue avec des camarades.

Anri　　　: Salut , Bernard ! Qu'est-ce que 1._____ ?
Bernard : 2._____ dans cette épicerie. Je travaille avec Chen.
Anri　　　: 3._____ ?
Bernard : Avec Chen.
Anri　　　: Ah, vous travaillez ensemble. 4._____ travailler, moi aussi. Tu habites 5._____ ?
Bernard : Oui, je n'habite 6._____ .
Anri　　　: Moi, j'habite à 7._____ d'ici. J'habite 8._____ famille.

4　🎧 2-09 🔊 音源を聞いて、発音されたものにチェックをしよう。Écoutez et cochez ce que vous entendez.

1. ☐ Tu es où ?　　　　　　　　　　☐ Tu fais quoi ?　　　　　　　　☐ Qu'est-ce que tu fais ?
2. ☐ Je travaille dans cette épicerie.　☐ Oui, je travaille ici.　　　　　☐ Je n'habite pas loin.
3. ☐ Tu habites avec qui ?　　　　　　☐ Tu habites seule ?　　　　　　☐ Tu habites près d'ici ?
4. ☐ J'habite seule.　　　　　　　　☐ Je n'habite pas loin.　　　　　☐ J'habite avec ma famille.

スピーキング　En interaction

5　👥 例にならって友達に質問をして、聞いた答えを表に書き込もう。Entraînez-vous avec vos camarades, en posant des questions comme dans l'exemple.

Ex.) Tu travailles ?

	oui			non		
Prénom	Kana			Kana		
例) travailler	✔					
①travailler						
②habiter seul(e)						
③habiter près d'ici						

リーディング　Compréhension écrite

6　🔊 📖 次の文を読んで、下の問いに答えてみよう。Lisez et choisissez la bonne réponse.

Passage couverts de Paris
Edifiés au XIXᵉ siècle, les passages couverts parisiens ont une valeur historique. Ce sont des galeries percées et des raccourcis de rues. On y trouve des boutiques, des restaurants ou des théâtres. Ils sont éclairés le jour à travers le toit en verrière et illuminés au gaz le soir. Les gens peuvent flâner tranquillement même quand il pleut. Aujourd'hui ce sont les touristes qui s'y promènent.

1. Le passage, c'est
　☐ un restaurant.　　　　　☐ une galerie.　　　　　☐ une histoire.
2. Vous pouvez y trouver
　☐ des restaurants.　　　　☐ des écoles.　　　　　☐ des cinémas.
3. Quand il pleut,
　☐ vous ne pouvez pas passer.　　☐ vous pouvez passer.

Galerie Vivienne

ライティング　Production écrite

7　✏️ あなたはあんりです。ベルナールがどこで誰と働きどこに住んでいるか、セドリックにメールで知らせよう。Vous êtes Anri. Écrivez un mail à Cédric. Vous lui écrivez avec qui Bernard travaille et où il habite.

Cher Cédric,
　J'ai vu Bernard,

Bises,
Anri

2-2 Leçon

1. 2-10 ✎ 動詞 travailler
動詞の活用を書いてみよう。Écrivez la conjugaison du verbe *travailler*.
不定詞 travailler（働く）（-er 動詞）の活用

je	travaille	nous	
tu		vous	
il/ elle/ on		ils/elles	

✎ 書いてみよう。Traduisez.
僕たちはマクドナルドでバイトしている。
On _____.
次のようなバイト先もあります。書いてみよう。

2. 2-11 動詞 vouloir
動詞の活用を発音して覚えよう。Prononcez la conjugaison du verbe *vouloir*.
不定詞 vouloir（〜したい/ほしい）の活用

je	veux	nous	voulons
tu	veux	vous	voulez
il/ elle/ on veut		ils/elles	veulent

✎ フランス語で書いてみよう。Écrivez en français.
1. vouloir + 名詞
コーヒーはいかがですか？ _____ ?
2. vouloir + 動詞の原形
彼女は今すぐ tout de suite 出発したがっている。
_____.

☆場所を表す前置詞句
près d'ici：このあたりに
à 40 minutes d'ici：ここから40分の所に
✎ 書き入れよう。Complétez.
1. ベルナールはこのあたりに住んでいる。
Bernard habite _____.
2. あんりはここから40分の所に住んでいる。
Anri habite _____.

☆所有形容詞
（→ L.1-3）
✎ 所有形容詞を書き入れよう。Complétez avec l'adjectif possessif.
彼女は家族と住んでいる。
Elle habite avec ____ famille.

3. 疑問詞 quoi / qu'est-ce que / que「何を」

主語＋動詞＋疑問詞？	疑問詞＋est-ce que＋主語＋動詞？	疑問詞＋動詞＋ー＋主語？
Tu fais quoi ?	Qu'est-ce que tu fais ?	Que faites-vous ?
	Qu'est-ce que vous faites ?	

※倒置したら動詞と主語の間に-を置く。
✎ 3通りの文型で書いてみよう。Transformez en trois formes interrogatives.
①君は何がほしいの？
②あなたは何をしているのですか？
③あなたは何がほしいのですか？

①	Tu	Qu'est-ce que	Que
②	Vous	Qu'est-ce que	Que
③	Vous	Qu'est-ce que	Que

✎ 1 フランス語と日本語を結ぼう。
Associez.
avec qui ・ ・家族と
seul(e) ・ ・一人で
avec ma famille ・ ・誰と
✎ 2 上のいずれかを書き入れよう。
Complétez.
1. 彼女は一人で住んでいる。
Elle habite _____.
2. 僕は家族と住んでいる。
J'habite _____.

4. 2-12 人称代名詞強勢形の位置

| moi | toi | lui | elle | nous | vous | eux | elles |

（→L.1-7）
①文頭に用いられる場合　Moi, j'habite à 40 minutes d'ici.
②属詞として　C'est vous.
③前置詞の後　Je travaille avec lui. など
✎ 強勢形を書き入れよう。Complétez.
1. 私は彼らと働いている。Je travaille avec _____.
2. 彼は私と働いている。Il travaille avec _____.

② Exercices

Leçon 1

Ⅰ. devoir の活用を書こう。 Complétez avec la conjugaison de *devoir*.

1. Je _____ étudier.
2. Anri _____ téléphoner à Cédric.
3. Nous _____ partir à 18 heures.
4. Bernard _____ être content.

Ⅱ. devoir を使って、今日しなければならないことを書こう。 Écrivez ce que vous devez faire aujourd'hui.

Je dois aller à la Poste...

_____
_____
_____
_____

Ⅲ. 正しい語を選んで書き入れよう。 Choisissez et écrivez le bon mot.

« contente / deuxième / étudiante / droit »

Midori est _____ en anglais. Elle est en _____ année. Et Antoine est étudiant en _____. Il est français. Anri est _____ de parler avec lui.

Ⅳ. 結ぼう。 Associez.

1. [image] · · triste

2. [image] · · content(e)

Ⅴ. 🎧 3-09 音源を聞いて会話を完成させよう。 Complétez le dialogue avec les expressions suivantes :

« Moi aussi / Je suis Mathilde / Je m'appelle Taro / Je suis en lettres / Je suis content de parler avec toi. / Je dois partir ».

Taro : Bonjour ! Tu es française ?
Mathilde : Oui, bonjour. _____.
Taro : _____. J'étudie le français.
Mathilde : _____. J'aime la littérature japonaise.
Taro : Je suis allé en France au printemps. _____.
Mathilde : _____ ! Excuse-moi, j'ai un cours maintenant. _____.

Ⅵ. あなたの身近にいる外国人留学生について書こう。 Vous avez un(e) ami(e) étranger(ère) ? Faites son portrait.

1. _____
_____
_____
_____

2. _____
_____
_____

Leçon 2

Ⅰ. vouloir と、faire, travailler, habiter の3つの動詞を組合せて自由に回答しよう。 Répondez aux questions en combinant *vouloir* + *faire*, *travailler*, *habiter*.

1. Qu'est-ce que tu veux faire ce weekend ?
_____

2. Où est-ce que vous voulez habiter ?
Nous _____

3. Tu veux faire un job quand ?
_____

4. Elle veut travailler dans une entreprise ?
_____

Ⅱ. 次の文が答えとなるような質問文を作ろう。 Trouvez les questions aux réponses données.

1. _____
— Oui, j'habite seul.

2. _____
— Je travaille dans un café.

3. _____
— Si, elles sont en sociologie.

4. _____
— Désolé, j'ai un cours.

Ⅲ. 強勢形を入れよう。 Mettez le pronom tonique qui convient.

1. Vous allez à la mer ? _____, je vais à la montagne.

2. _____, il veut écouter la conférence. Je ne pense pas que c'est intéressant.

3. Je vais au cinéma seul. Et _____, tu vas au cinéma avec tes amis ?
— Je ne vais pas au cinéma avec _____.

4. Tiens, ma copine. Je vais chercher ses parents avec _____ à l'aéroport.

Ⅳ. 空欄に、まず qui, quoi, que を選び、次にA群から人物を、B群から内容を選んで答えよう。 Choisissez d'abord entre *qui*, *quoi* et *que*, ensuite choisissez le mot qui convient dans le groupe A et enfin écrivez en choisissant la bonne photo dans le groupe B.

1. Vous allez à Paris avec qui / quoi / que ?
— ① / ② / ③. On _____

2. Qui / Quoi / Que faites-vous ?
— Nous travaillons ① / ② / ③.
Nous travaillons _____.

3. Tu fais qui / quoi / que demain ?
— ① / ② / ③ vient du Canada. On _____

A : ① Chez Oncle Daniel
　　② Avec ma famille
　　③ Mon ami

B : [images]

Je préfère les poissons rouges.

Thème **Animaux**

1a [2-13] 会話を聞いて、シチュエーションはどちらか選ぼう。Écoutez le dialogue et choisissez la situation qui convient : « image gauche » ou « image droite » ?

 gauche

 droite

1b (2-13) もう一度聞いて、対応するフランス語を書こう。Écoutez encore. Choisissez et écrivez les phrases françaises qui correspondent au dialogue.

1_____ ( )
2_____ ( )
3_____ ( )
4_____ ( )

| Il s'appelle Bob. | Il est doux comme un chat.

| C'est mon chat, Coco. | Les Français aiment beaucoup les chats. | Quel est ton animal préféré ?

| Il s'appelle comment ? | Les chiens. | J'ai un gros chien chez moi.

1c フランス語に対応する日本語を選び、( )にアルファベを書こう。Choisissez les phrases japonaises qui y correspondent et écrivez les lettres dans les endroits indiqués.

A：犬。家で大きい犬を飼ってるよ。　　C：これは僕の猫、ココだよ。フランス人は猫がとても好きなんだ。君の好きな動物はなに？
B：ボブっていうの。猫みたいにおとなしいの。　　D：何ていう名前？

1d 答え合わせをし、シャドーイングをし、近くの人とロールプレイをしよう。Corrigez les réponses, faites le shadowing et jouez le dialogue avec vos camarades.

2a フランスで人気があるペットのランキングを当てよう。Rangez ces animaux selon leur popularité chez les Français.

( ) Chats　　( ) Poissons　　( ) Chiens

2b (2-13) 会話の続きを聞いて書こう。Écoutez la suite du dialogue, choisissez et écrivez les réponses.

5_____ ( )
6_____ ( )
7_____ ( )
8_____ ( )

| J'adore les lapins ! | Ils sont mignons. | Moi, je veux avoir un petit lapin.

| Oh, non ! | Je déteste les grenouilles. | Je préfère les poissons rouges.

| Et je veux aussi avoir des grenouilles aux yeux rouges.

2c フランス語に対応する日本語を選び、( )にアルファベを書こう。Choisissez les phrases japonaises qui y correspondent et écrivez les lettres dans les endroits indiqués.

E：それに赤目のカエルも飼いたい。　　G：えっ、いやだ！カエルは嫌い。金魚の方がいい。
F：僕、ミニウサギ飼いたいんだ。　　H：ウサギ大好き！かわいいよね。

2d 答え合わせをし、シャドーイングをし、近くの人とロールプレイをしよう。Corrigez les réponses, faites le shadowing et jouez le dialogue avec vos camarades.

2-3 Leçon

リスニング　Compréhension orale

3 [2-14] 音源を聞いて空欄を埋め、ディクテをしよう。そのあとグループで演じてみよう。Faites la dictée. Ensuite jouez le dialogue avec des camarades.

Bernard

> C'est 1._____ chat, Coco. Les Français 2._____ beaucoup 3._____ chats. 4._____ est ton animal préféré ?

Anri

> 5._____ chiens. J'ai un gros chien chez moi.

> Il s'appelle comment ?

> Il s'appelle Bob. Il est doux comme 6._____ chat.

> Moi, 7._____ avoir un petit lapin.

> 8._____ les lapins ! Ils sont mignons.

> Et je 9._____ aussi avoir 10._____ grenouilles aux yeux rouges.

> Oh, non ! Je 11._____ les grenouilles. Je 12._____ les poissons rouges.

4 [2-15] 音源を聞いて、発音されたものにチェックしよう。Écoutez et cochez ce que vous entendez.

1. ☐ Je préfère les chiens.   ☐ Je préfère les chats.   ☐ Vous préférez les chats.
2. ☐ Quel est ton sport préféré ?   ☐ Quels sont tes sports préférés ?   ☐ Quels sont vos sports préférés ?
3. ☐ C'est amusant.   ☐ Elle est amusante.   ☐ Elle est intelligente.

スピーキング　En interaction

5 ペットについてのAまたはBの質問を近くの人にしよう。Posez des questions A ou B sur un animal chez soi de votre voisin.

A : Est-ce que vous avez un animal ? Il est comment ?
B : Vous voulez avoir un animal ? Quel animal ? Pourquoi ?

リーディング　Compréhension écrite

6 ペット研究に関する文章を読もう。Lisez les phrases d'une recherche sur les animaux de compagnie.

Animaux de compagnie

Aujourd'hui, on parle de la thérapie assistée par l'animal. Posséder un animal domestique restaure la santé physique et mentale de son maître. Il est démontré que les propriétaires d'animaux ont moins de risques d'attaque cardiaque. La présence de l'animal diminue les troubles de communication et de comportement pour son propriétaire.

次の文が内容と合っていれば vrai, 間違っていれば faux にチェックを入れよう。Cochez la bonne réponse.

1. Les animaux domestiques ne sont pas bons pour la santé des hommes.   ☐ vrai   ☐ faux
2. La possession d'animaux diminue les risques d'attaque cardiaque.   ☐ vrai   ☐ faux
3. L'animal dérange la communication et le comportement de son maître.   ☐ vrai   ☐ faux

ライティング　Production écrite

7 あんりになって、ベルナールのペットや飼いたいものについて、いとこのシンにメールしよう。Vous êtes Anri. Écrivez un mail à votre cousin Shin sur l'animal de compagnie de Bernard et celui que vous voulez avoir.

Bonjour Shin,
J'ai un ami français. Il s'appelle...

Bises,

1. 🎧 ²⁻¹⁶ 動詞 préférer

動詞の活用を発音して覚えよう。 Prononcez la conjugaison du verbe *préférer*.

不定詞 préférer（〜のほうを好む）の活用

je	préf**è**re	nous	préfé**rons**
tu	préf**è**res	vous	préfé**rez**
il / elle / on	préf**è**re	ils / elles	préf**è**rent

préférer「〜が好きだ」の過去分詞 préféré「好きな」
は形容詞として使われることが多い。
=> Quel est ton animal préféré ?

🖊 書いてみよう。

好きな小説 roman は何ですか？

_____ ?

☆préférer A à B「BよりAが好き」

Je préfère les chiens aux chats.「猫より犬が好きです。」
Je préfère les insectes aux poissons tropicaux.
「熱帯魚より昆虫が好きです。」

🖊 ① 名詞を下から選んで書き入れよう。

Choisissez et écrivez le nom.

1. スポーツ le _____   2. 音楽 la _____
3. 犬 les _____   4. 猫 les _____

　　chiens,　sport,　chats,　musique

🎧 ²⁻¹⁸ ☆外見・性格を表す形容詞

形容詞の意味を想像して選び、確認しよう。 Imaginez et associez l'adjectif et le sens.

1. amusant / amusante ・　　　　・よい
2. mignon / mignonne ・　　　　・小さい
3. gros / grosse ・　　　　・面白い
4. petit / petite ・　　　　・太っている
5. bon / bonne ・　　　　・可笑しい
6. drôle / drôle ・　　　　・かわいい

---

2. 好みをいう動詞

〈aimer＋名詞〉「〜が好き」

A : Tu aimes <u>les chiens</u> ?
B : Oui, j'adore ça. / Oui, j'aime bien ça.
　（J'ai un chien.）
　　Non, je n'aime pas ça. / Non, je déteste ça.

会話文の中から動詞を探して原形を書こう。 Cherchez le verbe dans le dialogue et complétez avec sa forme primitive.

　ad_____（大好きだ）
　ai_____（好きだ）
　dé_____（大きらいだ）

🎧 ²⁻¹⁷ vocabulaire 生き物

un chien
un chat
un lapin
une grenouille
un poisson rouge

---

3. 疑問形容詞 quel(le)(s)「何の、どんな」

1 **Quel** est <u>ton film</u> préféré ?
　お気に入りの映画は何ですか？

2 **Quelle** est <u>ta musique</u> préférée ?
　お気に入りの音楽は何ですか？

3 **Quels** sont <u>les stars</u> mondiales ?
　世界的なスターたちとは誰ですか？

4 **Quelles** sont <u>les quatre saisons</u> de l'année ?
　一年の四季とは何ですか？

4つの形は、それがかかる名詞の 性数 に一致させる。

---

② Aを読もう。Bでは正しい形容詞を選んで読もう。

Lisez A à haute voix. Puis lisez B en choisissant le bon adjectif.

A　　C'est + 男性形容詞	B　　名詞を修飾する形容詞
Ex. *Tu aimes le sport ?*	*J'ai une amie amusante.*
— *Oui, j'adore ça. C'est amusant.*	
1. Voilà la Notre-Dame. C'est grand !	1. Il a une (grand / grande) valise.
2. J'aime bien la bière, c'est bon.	2. (Bon / Bonne) voyage !

※ ça それ（指示代名詞の単純な形）

【気づき】

男性形容詞の複数形の語尾は、
-aux に変化する。
l'acteur mondi<u>al</u>
=> les acteurs mondi<u>aux</u>
le poisson tropic<u>al</u>
=> les poissons tropic<u>aux</u>.

2-4 Leçon Je vous présente Rina. **Thème** Francophonie

1a 🔊 2-19 👥 会話を聞いて、シチュエーションはどちらか選ぼう。Écoutez le dialogue et choisissez la situation qui convient: « image gauche » ou « image droite » ?

gauche

droite

1b 🔊 2-19 👤 もう一度聞いて、対応するフランス語を書こう。Écoutez encore. Choisissez et écrivez les phrases françaises qui correspondent au dialogue.

1_____ (　　)

2_____ (　　)

3_____ (　　)

4_____ (　　)

| Bonjour. Je suis Rina. | J'ai un frère et une sœur. |

| Je m'appelle Kei. J'ai un grand frère. | Il est gentil et intelligent. |

| Bonjour à tous. Tiens, nous avons une nouvelle camarade. | Quel est ton prénom ? |

| C'est ma cousine. Je vous présente Rina. | Elle habite en Nouvelle Calédonie. |

1c 👤 フランス語に対応する日本語を選び、（　）にアルファベを書こう。Choisissez les phrases japonaises qui y correspondent et écrivez les lettres dans les endroits indiqués.

A：こんにちは。リナです。弟と妹がいます。

C：僕はケイ、兄が一人います。優しくて頭がいいんだ。

B：皆さんこんにちは。あれっ、新しいメンバーだ。名前は？

D：私のいとこよ。リナを紹介するね。ニューカレドニアに住んでるの。

1d 👥 答え合わせをし、シャドーイングをし、友人とロールプレイをしよう。Corrigez en groupe les réponses. Faites le shadowing et jonez le dialogue avec vos camarades.

| Drom-Com (Dom-Tom) |

| pays francophones |

| ・レユニオン　　・ニューカレドニア |
| ・ベトナム　　　・ソシエテ諸島（タヒチ） |
| ・マリ　　　　　・ルクセンブルク |

2a 🔊 2-19 👥 フランスの海外領土Drom-Com（Dom-Tom）とフランス語圏 francophonie の国々に分類してみよう。Répartissez les lieux entre Drom-Com (Dom-Tom) et pays francophones.

2b 🔊 2-19 👤 会話の続きを聞いて書こう。Écoutez la suite du dialogue, choisissez et écrivez les réponses.

5_____ (　　)

6_____ (　　)

7_____ (　　)

8_____ (　　)

| Je n'ai ni frère ni sœur. Je suis fille unique. | J'ai un chien, Bob. Bob est... |

| Je sais tout sur Bob, Anri. | Il est gros, il est doux comme un chat. |

| Oui. Il sait nager. | Mais il ne peut pas en ce moment, parce qu'il est malade. |

| Bonjour. Je suis Robert. J'ai deux petites sœurs. | Elles sont grandes et blondes. |

2c 👤 フランス語に対応する日本語を選び、（　）にアルファベを書こう。Choisissez les phrases japonaises qui y correspondent et écrivez les lettres dans les endroits indiqués.

E：私は兄妹はいない。一人っ子です。犬のボブを飼ってるの。ボブはね…

G：そう。泳げるんだよ。でも今は泳げないの、病気だから。

F：こんにちは。ロバートです。妹が二人います。背が高くてブロンドです。

H：ボブのことなら何でも知ってるよ、あんり。大きくて、猫のようにおとなしいんだよね。

2d 👥 答え合わせをし、シャドーイングをし、近くの人とロールプレイをしよう。Corrigez les réponses, faites le shadowing et jouez le dialogue avec vos camarades.

3 [2-20] 音源を聞いて空欄を埋め、ディクテをしよう。そのあとグループで演じてみよう。Faites la dictée. Ensuite jouez le dialogue avec des camarades.

Bernard	: Bonjour à tous. Tiens, nous avons une nouvelle camarade. 1._____ est ton prénom ?
Anri	: C'est ma cousine. Je 2._____ présente Rina. Elle habite 3._____ Nouvelle Calédonie.
Rina	: Bonjour. Je suis Rina. J'ai un frère et une 4._____.
Kei(garçon)	: Je m'appelle Kei. J'ai un 5._____ frère. Il est gentil et intelligent.
Robert(américain)	: Bonjour. Je suis Robert. J'ai deux petites sœurs. Elles sont 6._____ et 7._____.
Anri	: Je n'ai 8._____ frère 9._____ sœur. Je suis fille unique. J'ai un chien, Bob. Bob est…
Bernard	: Je 10._____ tout sur Bob, Anri. Il est 11._____, il est doux 12._____ un chat.
Anri	: Oui. Il sait nager. Mais il ne 13._____ pas en ce moment, parce qu'il est malade.

4 [2-21] 音源を聞いて、発音されたものにチェックをしよう。Écoutez et cochez la bonne réponse.

1. ☐ C'est une cousine Rina.   ☐ J'ai une cousine.   ☐ C'est ma cousine.
2. ☐ Rina présente Anri.   ☐ Rina se présente.   ☐ Rina présente son frère et sa sœur.
3. ☐ Le frère de Kei est gentil et drôle.   ☐ Le frère de Kei est grand et gentil.
   ☐ Le frère de Kei est intelligent et gentil.

スピーキング　En interaction

5 近くの2人に、名前、兄弟姉妹、ペットがいるかどうか聞き合おう。Demandez à vos camarades.

名前 prénom	兄弟・姉妹がいる？ frère et sœur	兄・弟、姉・妹？grand(e) ou petit(e)	ペット animal domestique

リーディング　Compréhension écrite

6 次のフランス語圏についての文を読み、あとの問題に答えよう。Lisez et répondez aux questions après.

La francophonie,
ce sont des femmes et des hommes qui mettent en commun la langue française. Un article de journal publié récemment compte leur nombre : à peu près 300 millions de locuteurs répartis dans le monde entier. On a des états et gouvernements membres, des états et gouvernements membres associés et des états et gouvernements membres observateurs. Le français s'ancre plus en Afrique.

1. Combien de francophones y a-t-il à peu près dans le monde ?
   ☐ 30 000 000   ☐ 3 000 000   ☐ 300 000 000
2. Comment les membres sont-ils répartis ?
   ☐ officiels et non officiels
   ☐ membres, membres associés, membres observateur
   ☐ membres associés et membres observateurs
3. Dans quelle région du monde parle-t-on français le plus ?
   ☐ Asie   ☐ Afrique   ☐ Europe

www.francophonie.org ©OIF

ライティング　Production écrite

7 あなたはあんりです。リナの母親Mariaに、シンとさらが元気かどうか聞き、あなたに「天使のエビ」langoustes calédoniennesを送ってくれたので、そのお礼の手紙を書こう。Vous êtes Anri. Vous demandez à Maria, la mère de Rina si Shin et Sarah vont bien, et vous la remerciez d'avoir envoyé des « Langoustes calédoniennes ».

Chère Maria,

1. 🎧 2-22 ✏ 動詞 présenter

動詞の活用を書いてみよう。Écrivez la conjugaison du verbe *présenter*.

不定詞 présenter（紹介する）の活用

je	présent**e**	nous	
tu		vous	
il / elle / on		ils / elles	

2. 🎧 2-23 動詞 savoir

動詞の活用を発音して覚えよう。Prononcez la conjugaison du verbe *savoir*.

不定詞 savoir（知る）の活用

je	sais	nous	sav**ons**
tu	sais	vous	sav**ez**
il/elle/on	sai**t**	ils/elles	sav**ent**

「全部知ってる」Je sais tout.

✏ 書いてみよう。Ecrivez en français.
何も知らない。Je ne _____ rien.

4. 否定の ni

まず de を使って否定形を作り、次に ni... ni...「〜も〜もない」という形を練習してみよう。Transformez les phrases comme dans l'exemple.

Ex.) A : Tu as un frère ou une sœur ?
　　　B : Non, je n'ai pas de frère. Je n'ai pas de sœur non plus. Je n'ai ni frère ni sœur.

✏ 書いてみよう。Écrivez en français.
A : Tu as un chat ou un chien ?
B : Non, _____.
　　Je _____.

【気づき】
a) J'ai un **grand** frère.
b) J'ai deux sœurs. Elles sont **grandes**.
の意味は異なる。a) は「年上の」、b) は「背が高い」。

5. savoir と pouvoir

savoir「〜できる」と pouvoir「〜できる」の違いを考えよう。
Je peux nager.「（物理的に怪我か何かで泳げなかったけれど、今は）泳げる」
Je sais nager.「（水泳の仕方を知っていて）泳げる」

次の左右の文の違いを説明しよう。Dites les deux sens différents des phrases suivantes.
1. Je ne sais pas cuisiner. 私は料理できない。Je ne peux pas cuisiner.
2. Je ne sais pas conduire. 私は運転できない。Je ne peux pas conduire.

Je ne sais pas nager.　　　　Je ne sais pas conduire.

3. tout, tous, toutes

①単数代名詞　tout「すべて」[tu]
②複数代名詞・人称代名詞 tous（男性形）「すべてのもの」「すべての人」[tus]
③複数代名詞・人称代名詞 toutes（女性形）「すべてのもの」「すべての人」[tut]
＊これらは、形容詞、副詞としても用いられる。

☆兄弟・姉妹

J'ai un grand frère.「兄がいる。」
J'ai un petit frère.「弟がいる。」

✏ 書いてみよう。Écrivez en français.
1. 姉がいる。J'ai _____.
2. 妹がいる。J'ai _____.
3. 僕は一人っ子。Je _____.

☆ 🎧 2-24 性格を表す形容詞

✏ 左と右を結ぼう。Associez.

1. intelligent(e)　・　　　・おとなしい、従順な
2. doux(ce)　　　・　　　・可笑しい
3. gentil(le)　　　・　　　・やさしい、親切な
4. drôle　　　　　・　　　・頭がいい
5. bavard(e)　　 ・　　　・感じがいい
6. sympathique　・　　　・おしゃべりな

☆Parce que S+V

「なぜならS＋Vだから（＝英語のbecause）」
Je dois partir, parce que je suis en retard.
「行かなくちゃ、だってもう遅刻してるから。」

6. 直接目的語と＊間接目的語（前置詞＋名詞）

Je ＊vous présente Rina.「私はあなた方にリナを紹介します」
＝ Je présente Rina ＊à vous.（下線の部分は動詞の前に置かれたとき vous になる）

✏ 書いてみよう。Écrivez en français.
皆さん vous にブラウン氏を紹介します。
Je _____.

Leçon 3

Ⅰ. あなたが好きか嫌いかで、右と左を結ぼう。porter は「着る、持つ」という動詞です。 Aimez-vous porter cela ? Associez.

1. une robe rouge
2. un pantalon noir
3. un blouson vert
4. une jupe grise
5. des chaussures jaunes
6. un sac beige
7. des lunettes bleues et oranges
8. un T-shirt blanc

■ J'adore.
■ J'aime bien.
■ Je porte, pourquoi pas ?
■ Je déteste.

*衣類の語彙については、巻末のページを参照。 Voir la dernière page du livre pour le vocabulaire des vêtements.

Ⅱ. 次の形容詞は、どういう状況で使いますか？ 写真と結ぼう。 Associez avec les photos.

1. C'est intéressant.
2. C'est ennuyeux.
3. C'est grand.
4. C'est amusant.
5. C'est bon.

a

b

c

d

e

Ⅲ. 次の空欄に quel, quels, quelle, quelles の適切な形を入れ、写真と結ぼう。 Mettez l'adjectif interrogatif, ensuite associez avec les photos.

1. _____ genre de film détestes-tu ?
   — Je déteste les films d'action.
2. _____ sont tes histoires préférées ?
   — Je préfère les histoires d'amour.
3. _____ est ton film préféré ?
   — J'aime « La finale », une comédie.
4. _____ sont tes films préférés ?
   — J'aime les films dramatiques.

a   b

c   d

Leçon 4

Ⅰ. 動詞 présenter を活用させて書き、和訳しよう。
Conjuguez le verbe *présenter* et traduisez en japonais.

1. Je _____ ma nouvelle camarade.
_____

2. Ils _____ leurs enfants.
_____

3. Sayaka se _____ à tous.
_____

Ⅱ. 動詞 savoir を活用させて書き、和訳しよう。
Conjuguez le verbe *savoir* et traduisez en japonais.

1. Est-ce que vous _____ qu'il est acteur ?
_____

2. Je ne _____ pas pourquoi elle est partie.
_____

Ⅲ. tout / tous / toutes のどれかを書き入れよう。
Écrivez *tout*, *tous* ou *toutes*.

1. Vous êtes _____ d'accord ? みんな賛成？
2. _____ va bien. すべてうまく行っている。
3. Elles sont _____ françaises. 彼女たちは全員フランス人だ。

Ⅳ. 次の文を、まず ne ... pas と ne ... non plus を使い、次に ni... ni... を使って否定文に書きかえよう。 Transformez en phrase négative, d'abord avec *ne ... pas* et *ne ... non plus*, puis avec *ni... ni...* .

1. Tu as une robe et un collier ?
   — Non, _____.
   Je _____.
   — _____.
2. Est-ce qu'il est gentil et intelligent ?
   — Non, _____.
   Il _____.
   — _____.

Ⅴ. savoir か pouvoir の活用を選ぼう。 Choisissez la conjugaison.

1. Tu (sais / peux) jouer du piano maintenant ?
   Tu (sais / peux) jouer du piano ? 今ピアノ弾ける？ 君はピアノが弾けるんだよね？
2. Il (sait / peut) faire du pain, mais aujourd'hui il ne (sait / peut) pas faire de pain. 彼はパンを作ることができますが、今日は作れません。

Ⅵ. 3-10 **次の文の音源を聞き、フランス語で書こう。**
Dictée.

皆さんこんにちは。私はジョエル（Joël）です。兄がひとりいます。おとなしいけど面白いです。彼はアフリカに住んでいます。私は猫を一匹飼っています。名前はジョン（John）です。

_____
_____
_____

Tu ne sors pas ce weekend ?

1a 〔2-25〕 会話を聞いて、シチュエーションはどちらか選ぼう。Écoutez le dialogue et choisissez la situation qui convient : « image gauche » ou « image droite » ?

gauche

droite

1b 〔2-25〕 もう一度聞いて、対応するフランス語を書こう。Écoutez encore. Choisissez et écrivez les phrases françaises qui correspondent au dialogue.

1_____( )
2_____( )
3_____( )
4_____( )
5_____( )

Ah bon, tu en fais souvent ?	Je suis en train de faire du yoga.
Cédric, tu dors ? Qu'est-ce que tu fais ?	Oui, j'en fais tous les jours.
Ah... Anri ? Non, je ne dors pas. Je viens de rentrer à la maison. Qu'est-ce que tu fais, toi ?	

1c フランス語に対応する日本語を選び、（ ）にアルファベを書こう。Choisissez les phrases japonaises qui y correspondent et écrivez les lettres dans les endroits indiqués.

A：ああそう、よくするの？　　　　　C：セドリック、寝てる？ 何してる？　　D：ヨガをしてるところ。
B：ああ… あんり？いや、寝てないよ。いま帰ってきたところ。君は何してる？　　E：うん、毎日してるよ。

1d 答え合わせをし、シャドーイングをし、近くの人とロールプレイをしよう。Corrigez les réponses, faites le shadowing et jouez le dialogue avec vos camarades.

2a フランス人学生が週末によく行うホームパーティの写真はどちらでしょう。Choisissez la photo qui représente le style de fête des étudiants français le weekend.

gauche　　　　　　droite

2b 〔2-25〕 会話の続きを聞いて書こう。Écoutez la suite du dialogue, choisissez et écrivez les réponses.

6_____( )
7_____( )
8_____( )

| Si, peut-être...   Je ne sais pas encore.   Et toi, qu'est-ce que tu fais ce weekend ? |
| Tu ne sors pas ce weekend ? |
| Je vais inviter des amis.   Je dois préparer le repas. |

2c フランス語に対応する日本語を選び、（ ）にアルファベを書こう。Choisissez les phrases japonaises qui y correspondent et écrivez les lettres dans les endroits indiqués.

F：今週末は出かけないの？　　　　　　　H：いいえ、たぶん… まだ分からない。あなたは、週末何するの？
G：友達を呼ぶ予定だよ。食事を用意しなくちゃ。

2d 答え合わせをし、シャドーイングをし、近くの人とロールプレイをしよう。Corrigez les réponses, faites le shadowing et jouez le dialogue avec vos camarades.

リスニング　Compréhension orale

3 2-26 音源を聞いて空欄を埋め、ディクテをしよう。そのあとグループで演じてみよう。Faites la dictée. Ensuite jouez le dialogue avec des camarades.

Anri : Cédric, tu **1.**_____ ? Qu'est-ce que tu fais ?

Cédric : Ah... Anri ? Non, je **2.**_____ pas. Je **3.**_____ rentrer à la maison. Qu'est-ce que tu fais, toi ?

Anri : Je suis **4.**_____ de faire du yoga.

Cédric : Ah bon, tu **5.**_____ fais souvent ?

Anri : Oui, j' **6.**_____ fais tous les jours.

Cédric : Tu ne **7.**_____ ce weekend ?

Anri : Si, peut-être... Je ne sais pas encore. Et toi, qu'est-ce que **8.**_____ ce weekend ?

Cédric : Je **9.**_____ inviter des amis. Je **10.**_____ préparer le repas.

4 2-27 音源を聞いて、発音された方にチェックをしよう。Écoutez et cochez la bonne réponse.

1. ☐ Elle fait du yoga tous les jours. ☐ Elle fait du yoga tous les matins.
2. ☐ Elles ne sortent pas avec des amis. ☐ Elle ne sort pas avec des amis.
3. ☐ Elle va au cinéma le weekend. ☐ Elle va au musée le weekend.

スピーキング　En interaction

5 余暇、週末の予定、頻度について、ペアかグループで話そう。À deux ou en groupe, jouez une scène sur les loisirs, le programme du weekend et la fréquence.

Qu'est-ce que tu fais le weekend ?
Qu'est-ce que tu vas faire pendant les vacances ?

リーディング　Compréhension écrite

6a フランス人の余暇に関する文章を読み、和訳しよう。Lisez les phrases sur les loisirs des Français. Traduisez en japonais.

D'après l'enquête sur les loisirs, 68% des Français consacrent leur passe-temps à surfer sur Internet ou à utiliser leur ordinateur. Les jeunes sont habitués à accéder à la musique（40%）grâce au smartphone. 49% vont voir leurs amis ou leurs proches. 46% préfèrent les activités culturelles, 32%, la gastronomie et 31%, le sport.

6b 次の活動を、あなたがよく行う順番に並べよう。結果をグループの人と話そう。Rangez ces activités selon la fréquence, à laquelle vous les faites. Discutez le résultat avec vos camarades.

1. regarder un film　2. prendre des photos　3. jouer sur son portable　4. lire des romans
5. faire du sport　6. écouter et chanter de la musique

_____ → _____ → _____ → _____ → _____ → _____

ライティング　Production écrite

7 あんりになって、いとこのリナに自分の余暇やセドリックの週末の予定についてメールしよう。Vous êtes Anri. Écrivez un mail à votre cousine Rina sur vos loisirs et le projet de weekend de Cédric.

Bonjour Rina,
Ça va ?

Bises,
Anri

文法　Grammaire

1. 🎧 2-28 動詞 sortir
動詞の活用を発音して覚えよう。Prononcez la conjugaison du verbe *sortir*.
不定詞 sortir（出かける）

je	sors	nous	sortons
tu	sors	vous	sortez
il / elle / on	sort	ils / elles	sortent

✎ フランス語で書こう。Écrivez en français.
私は毎日出かける。_____.

✎ 1 写真が表す語彙を下から選んで書こう。Choisissez et écrivez les expressions qui représentent la photo.

1. _____　2. _____

3. _____　4. _____

sortir avec des amis, regarder des vidéos, écouter de la musique, faire du sport

✎ 2 代名詞 en
例のように下線部を代名詞に変え、イタリックの部分を和訳しよう。Répondez en utilisant *en* comme dans l'exemple et traduisez en japonais les phrases en italique.
Ex.）Tu regardes souvent des vidéos ?
　　–Oui, j' en regarde.
1. Tu fais du yoga ? –Non, je n'____ fais pas.
2. Vous faites de la musique ?
　–Oui, j'_____. Je joue du piano depuis l'âge de 5 ans.
_____
3. Adrien, est-ce que tu sais faire du yoga ?
　–Oui, j'_____. J'en fais deux fois par semaine.

2. 🎧 2-29 動詞 dormir
✎ 1を参考に，dormir の活用を書こう。
Écrivez la conjugaison du verbe *dormir*.
不定詞 dormir（眠る）

je	dors	nous	
tu		vous	
il / elle / on		ils / elles	

✎ 活用を書き入れよう。Complétez.
Les enfants _____ dans la chambre.

☆「〜しているところ」
〈être en train de ＋動詞〉
Je suis en train de travailler au bureau.
Il est en train de déjeuner.

3. 近接過去〈venir＋de（d'）＋動詞原形〉「〜したばかり」
　Je **viens de visiter** Nouméa.
　Vous **venez d'acheter** ce chapeau ?
✎ フランス語で書こう。Écrivez en français.
彼女は私のいとこ（女）と知り合ったばかりだ。
_____.

🎧 2-30 ☆頻度

toujours　いつも	souvent　しばしば、よく
parfois　ときおり	quelquefois　ときどき
ne ... pas（souvent）	（それほど）〜ない

tous les jours　毎日	
le mardi et le jeudi　毎週火曜と木曜	
le weekend　週末	

une fois　1回	par semaine　週に
deux fois　2回	par mois　月に

＊ peut-être たぶん、おそらく

【気づき】
encore（副詞）は、否定文中で「まだ〜ない」という意味と肯定文中で「もう一度、さらに」という意味があります。
-Je ne sais pas encore.「まだわからない。」
-Encore une fois.「もう一度お願い。」

✎ ☆否定疑問に肯定で答える　Réponse affirmative à une question négative.（→ L.1-3）
-Tu ne sors pas ?
-**Si**, je sors.
1. - Tu ne manges pas de gâteaux ?
　- ____, j'en mange.
2. - Vous ne voulez pas dormir ?
　- ____, j'essaie de _____.

2-6 Leçon ## Elle habite dans quelle ville ? Thème **Famille**

1a 🎧2-31 👥 会話を聞いて、シチュエーションはどちらか選ぼう。Écoutez le dialogue et choisissez la situation qui convient : « image gauche » ou « image droite » ?

gauche

droite

1b 🎧(2-31) 👤 もう一度聞いて、対応するフランス語を書こう。Écoutez encore, choisissez et écrivez les phrases françaises qui correspondent au dialogue.

1 _____ (　　)
2 _____ (　　)
3 _____ (　　)
4 _____ (　　)

| Bonjour, je suis ici depuis un mois et demi. | Bonjour, depuis quand tu es au Japon ?

| Papa, Maman, je vous présente Bernard. Il vient de France. | Bernard, c'est mon père et ma mère.

| On parle un peu français. | Ma sœur Maria vit en Nouvelle Calédonie.

1c 👤 フランス語に対応する日本語を選び、（　）にアルファベを書こう。Choisissez les phrases japonaises qui y correspondent et écrivez les lettres dans les endroits indiqués.

A：こんにちは、1か月半前からいます。　　C：私たちはフランス語を少し話すの。妹のマリアがニューカレドニアで暮らしているのよ。
B：こんにちは、日本にはいつから？　　　D：パパ、ママ、ベルナールを紹介するね。フランスから来たの。ベルナール、父と母よ。

1d 👥 答え合わせをし、シャドーイングをし、近くの人とロールプレイをしよう。Corrigez les réponses, faites le shadowing et jouez le dialogue avec vos camarades.

2a 🎧(2-31) 👤 会話の続きを聞いて書こう。Écoutez la suite du dialogue, choisissez et écrivez les réponses.

5 _____ (　　)
6 _____ (　　)
7 _____ (　　)
8 _____ (　　)

| C'est une ville que j'aimerais visiter. | Elle habite à Nouméa.

| Nous allons voir sa sœur à Nouméa le mois prochain. | Elle habite dans quelle ville ?

2b 👤 フランス語に対応する日本語を選び、（　）にアルファベを書こう。Choisissez les phrases japonaises qui y correspondent et écrivez les lettres dans les endroits indiqués.

E：私達は来月、ヌメアに彼女の妹に会いに行く予定なんだよ。　　G：彼女はどの街に住んでいるんですか？
F：そこ、僕が訪ねたい街です。　　　　　　　　　　　　　　　H：ヌメアに住んでいるの。

2c 👥 答え合わせをし、シャドーイングをし、近くの人とロールプレイをしよう。Corrigez les réponses, faites le shadowing et jouez le dialogue avec vos camarades.

2d 👥 ニューカレドニアでできるアクティビティを表す言葉を選び、番号を書こう。Choisissez les mots correspondant aux photos des activités qu'on peut faire en Nouvelle-Calédonie. Écrivez le chiffre sous la photo.

A. (　　)　　B. (　　)　　C. (　　)

1. plongée sous-marine　　2. manger des fruits de mer　　3. balade à la plage

リスニング　**Compréhension orale**

3 [2-32] 音源を聞いて空欄を埋め、ディクテをしよう。そのあとグループで演じてみよう。Faites la dictée.
Ensuite jouez le dialogue avec des camarades.

Anri : Papa, Maman, je vous présente Bernard. 1._____ de France. Bernard, c'est mon père et ma mère.

M. Tanaka : Bonjour, 2._____ tu es au Japon ?

Bernard : Bonjour, je suis ici depuis 3._____ et demi.

Mme Tanaka : On parle un peu français. 4._____ Maria 5._____ en Nouvelle Calédonie.

Bernard : Elle habite dans 6._____ ?

Mme Tanaka : Elle habite à Nouméa.

Bernard : 7._____ une ville 8._____ j'aimerais visiter.

M. Tanaka : 9._____ voir sa sœur à Nouméa le mois prochain.

4 [2-33] 音源を聞いて、発音されたものにチェックをしよう。Écoutez et cochez ce que vous entendez.

1. ☐ Tu habites en Belgique. ☐ Elle est en Belgique. ☐ Elle vient de Belgique.
2. ☐ Elle est arrivée à Osaka. ☐ Elle est ici depuis un mois et demi. ☐ Elle vient ici à Osaka.
3. ☐ C'est une ville que je veux visiter. ☐ C'est une ville que j'aime. ☐ C'est une ville que j'aimerais visiter.

スピーキング　**En interaction**

5a 例にならって会話しよう。Faites un dialogue avec votre camarade comme dans l'exemple.

Ex.) A : Mon frère / Ma mère / Mon cousin / Ma tante / Mon grand-père vit au Japon.
    B : Il（Elle）habite dans quelle ville ?
    A : Il（Elle）habite à Kyoto.
    B : C'est une ville que j'aimerais visiter.

5b あなたは自宅に招いた友人を、客間に通して、他の部屋も案内しますか？ 近くの人と話し合おう。Discutez avec vos camarades en japonais. Quand vient un ami chez vous, voulez-vous qu'il reste dans le séjour ou qu'il visite votre maison ? Pourquoi ?

リーディング　**Compréhension écrite**

6 次の文を読み、当てはまるものに☑を入れよう。Lisez et choisissez la bonne réponse.

La Nouvelle-Calédonie est une collectivité française d'outre-mer（COM）situé dans l'océan Pacifique Sud, à peu près à la même distance de l'est de l'Australie et du nord de la Nouvelle-Zélande. L'île principale s'appelle la Grande terre. Nouméa, le chef-lieu, se trouve au sud de l'île. La Nouvelle-Calédonie, Wallis-et-Futuna et la Polynésie française, dont fait partie Tahiti, sont les trois territoires français du Pacifique Sud.

1. La Nouvelle-Calédonie, ce sont des îles ☐ d'Australie. ☐ de Nouvelle-Zélande. ☐ de France.
2. La Nouvelle-Calédonie se situe ☐ au nord de l'Australie. ☐ au nord de la Nouvelle-Zélande.
3. Nouméa se situe sur une île ☐ appelée la Grande terre. ☐ de Tahiti. ☐ de Wallis-et-Futuna.

ライティング　**Production écrite**

7 あなたはあんりです。ベルナールを家族に紹介したことを日記に書こう。Vous êtes Anri. Écrivez comment s'est passée l'arrivée de Bernard chez vous dans votre journal.

Aujourd'hui, Bernard vient chez moi. le 15 oct.

1. 🎧 動詞 vivre

動詞の活用を発音して覚えよう。 Prononcez la conjugaison du verbe *vivre*.

不定詞 vivre（暮らす）の活用

je	vis	nous	viv**ons**
tu	vis	vous	viv**ez**
il/ elle/ on	vi**t**	ils/ elles	viv**ent**

✏️ **書き入れよう。** Complétez.
私たちは東京で暮らしている。 _____ à Tokyo.

2-35 🎧 vocabulaire 家族

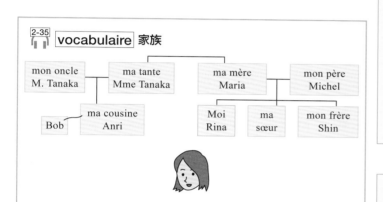

✏️ **2 書き入れよう。** Complétez.　→所有形容詞（L.1-3）
1. シンは私の弟だ。 Shin est _____ .
2. あんりは私のいとこだ。 Anri est _____ .
3. ボブは私のいとこの犬だ。 Bob est _____ .
4. Michel は Maria の夫だ。 Michel est le mari _____ .
5. Maria は Michel の妻だ。 Maria est la femme _____ .

3. 強調構文

c'est ＋強調したい要素＋関係代名詞 que
※強調したい要素が人称代名詞のとき、強勢形になる。

✏️ **強調構文に書き換えよう。** Transformez les phrases pour mettre en avant les mots soulignés.
1. Je présente <u>Bernard</u> aujourd'hui.
   → _____ .
2. Bernard part <u>demain</u>.
   → _____ .

☆時の表現 2

✏️ 左と右を結ぼう。 Associez.
来週 ・　　　・ l'année prochaine
来月 ・　　　・ le mois prochain
来年 ・　　　・ la semaine prochaine

✏️ **書き入れよう。** Complétez.
1. 私は来年パリを訪れるつもりだ。 Je vais visiter Paris _____ .
2. 彼は来週東京に来るつもりだ。 Il va venir à Tokyo _____ .

✏️ **1 書き入れよう。** Complétez. →出身国（L.1-3）
1. Je viens ____ Canada.
2. Il vient ____ Belgique.

☆時の表現 1 depuis 「〜から/〜以来」

✏️ 結ぼう。 Associez.
depuis trois heures　・　　・１ヵ月半前から
depuis 3 jours　　　 ・　　・１週間前から
depuis une semaine　・　　・３年前から
depuis 1 mois et demi ・　・３時間前から
depuis 3 ans　　　　 ・　　・３日前から
「〜からずっと〜だ」（現在形）「〜して〜になる」（過去形）のとき使う。

✏️ **フランス語で書いてみよう。** Écrivez en français.
1. 私は３日前から頭痛がする。 avoir mal à la tête _____ .
2. 私たちは10年前からここに住んでいる。
_____ .
3. 祖父は1年前から病気 être malade だ。
_____ .

2. 疑問形容詞 quel

名詞にかかる付加的用法。
Elle habite dans **quelle** ville ?
→属詞用法（L.2-3）

✏️ **書き入れよう。** Complétez.
1. 君は何語を話すの？
　 Tu parles _____ langues ?
2. 彼は何歳？ Il a _____ âge ?

4. 近接未来

動詞 aller ＋動詞不定詞
「〜するつもりだ」

✏️ **書き入れよう。** Complétez.
1. 彼らはヌメアを訪れるつもりだ。
　 _____ Nouméa.
2. アンリはベルナールを両親に紹介するつもりだ。
　 Anri _____ Bernard à ses parents.

Leçon 5

Ⅰ．動詞 sortir と dormir の活用を書こう。Complétez avec la conjugaison des verbes *sortir* et *dormir*.

1. Audrey _____ une fois par semaine.
2. Ils _____ jusqu'à midi.
3. Nous _____ ce soir.

Ⅱ．並び替えよう。Mettez les mots dans l'ordre.

1. suis / train / vidéos / de / je / regarder / en / des
→_____
2. la / en / de / elle / d'écouter / musique / est / train.
→_____

Ⅲ. du, de la, des, en のいずれかを書き入れよう。Complétez avec *du*, *de la*, *des* ou *en*.

1. Tu fais souvent ___ sport ?
   - Oui, j'___ fais souvent.
2. Elle écoute souvent ___ Kpop ?
   - Oui, elle ___ écoute tous les jours !
3. Il fait souvent ___ foot ?
   - Oui, il ___ fait une fois par semaine.

Ⅳ．否定形で答えよう。Répondez à la forme négative.

1. Tu fais souvent un voyage ?
— Non, _____
2. Il regarde souvent des vidéos ?
— Non, _____

Ⅴ．例にならって頻度を答えよう。Indiquez la fréquence.

Ex. Vous écoutez de la musique ?
   - <u>Oui, j'en écoute tous les jours.</u>
1. Vous faites du baseball ?
_____
2. Vous sortez avec des amis ?
_____
3. Tu vas au concert ?
_____

Ⅵ. souvent を使って頻度を尋ねる質問文を作ろう。Trouvez les questions.

① 🎧 （écouter de la musique française）Tu...
② 🎞️ （regarder des Disney）Tu...

Ⅶ．次の答えに対応する質問文を作ろう。Écrivez les questions aux réponses données.

1. _____ ?
   - Je prends mes vacances en juillet.
2. _____ ?
   - Si, je passe mes examens cette semaine.
3. _____ ?
   - Oui, je viens de rentrer chez moi.

Leçon 6

Ⅰ．動詞 vivre の活用を書き入れよう。Conjuguez le verbe *vivre*.

1. Elle _____ seule depuis un an.
2. Tu _____ dans quelle ville ?
3. Susan et Michael _____ en Nouvelle-Zélande.

Ⅱ．国名につく前置詞を書き入れよう。Mettez la préposition.

1. Je viens _____ Angleterre.
2. William vient _____ États-Unis ?
3. Nous venons _____ Canada.

Ⅲ．近接過去の文を近接未来の文に書き改めよう。Transformez la phrase avec le futur proche.

1. Je viens de présenter la ville à mes amis.
   → _____ .
2. Ils viennent d'arriver à la gare ?
   → _____ ?
3. Vous venez de réserver une chambre à Strasbourg ?
   → _____ ?

Ⅳ．疑問形容詞 quel を適切な形で書き入れ、和訳しよう。Mettez l'adjectif interrogatif et traduisez.

1. Il est _____ heure ?
   _____
2. _____ tartes est-ce que tu veux manger ?
   _____
3. Vous travaillez dans _____ pays ?
   _____

Ⅴ．C'est … que …を使って下線部を強調する文に書き改めよう。Transformez avec la phrase emphatique.

1. Ils habitent ici <u>depuis le 9 mai</u>.
   → _____ .
2. Mika a présenté sa mère <u>à Anne</u>.
   → _____ .
3. J'aimerais visiter <u>Hanoï</u> l'année prochaine.
   → _____ .

Ⅵ. 🎧 3-11 次の文の音源を聞き、フランス語で書こう。Dictée.

皆さんにユウジを紹介します。彼は日本から来ています。バンクーバー（Vancouver）に４ヶ月前から暮らしています。彼は来週、モントリオール（Montréal）に行くことにしています。彼が訪れたいのはノートルダム聖堂（Notre-Dame）です。

_____
_____
_____
_____

2-7 Leçon

Tu t'es levée tôt le matin ?

Thème SNS

1a 会話を聞いて、シチュエーションはどちらか選ぼう。Écoutez le dialogue et choisissez la situation qui convient : « image gauche » ou « image droite » ?

gauche

droite

1b もう一度聞いて、対応するフランス語を書こう。Écoutez encore. Choisissez et écrivez les phrases françaises qui correspondent au dialogue.

1_____ (   )

2_____ (   )

3_____ (   )

4_____ (   )

| Des photos de quoi ? | Audrey ? Tu m'entends ? | Tu m'as appelée ?

| J'ai vu un match entre le PSG et le *RSC il y a trois jours. | Je suis rentrée le jour même à Paris.

| Oui. Je fais des albums. | J'ai pris des photos en Belgique.

*RSC（ロイヤル・スポルティング・クラブ・アンデルレヒト Royal Sporting Club Anderlecht）

1c フランス語に対応する日本語を選び、（　）にアルファベを書こう。Choisissez les phrases japonaises qui y correspondent et écrivez les lettres dans les endroits indiqués.

A：オドレー？聞こえる？呼んだ？　　C：PSGとRSCの試合をね、三日前に見たの。日帰りでパリに帰ってきた。
B：何の写真？　　　　　　　　　　　D：うん、アルバム作ってるの。ベルギーで写真撮ったんだ。

1d 答え合わせをし、シャドーイングをし、近くの人とロールプレイをしよう。Corrigez les réponses, faites le shadowing et jouez le dialogue avec vos camarades.

2a 会話の続きを聞いて書こう。Écoutez la suite du dialogue, choisissez et écrivez les réponses.

5_____ (   )

6_____ (   )

7_____ (   )

8_____ (   )

| Ah oui. Ici, il est 15h50. | Bonne nuit, Anri ! | Oh, tu as de la chance ! Tu t'es levée tôt le matin ?

| Oui, je me suis levée à cinq heures. | Regarde les photos.

| Pas maintenant. Envoie-les. | Il est 23h50 au Japon. J'ai sommeil. Je vais me coucher.

2b フランス語に対応する日本語を選び、（　）にアルファベを書こう。Choisissez les phrases japonaises qui y correspondent et écrivez les lettres dans les endroits indiqués.

E：へえ、ツイてるね！朝は早起きしたの？　　G：今ダメ。写真送ってよ。日本は23h50だよ。眠いなあ。もう寝るね。
F：そう、5時に起きた。写真見て。　　　　　　H：ああそっか。こっちは15h50。あんり、おやすみなさい！

2c オドレーが次のような画像をSNSに載せました。あんりとオドレーが話しているのは、チャットでしょうか、電話でしょうか？Audrey a posté des photos sur un SNS. Anri et Audrey parlent-elles en chat ou au téléphone ?

chat　téléphone

2d 答え合わせをし、シャドーイングをし、近くの人とロールプレイをしよう。Corrigez les réponses, faites le shadowing et jouez le dialogue avec vos camarades.

リスニング　Compréhension orale

3 〔2-37〕 音源を聞いて空欄を埋め、ディクテをしよう。そのあとグループで演じてみよう。Faites la dictée.
Ensuite jouez le dialogue avec des camarades.

Anri　　　: Audrey ? Tu m'entends ? Tu m'1._____ appelée ?

Audrey　: Oui. Je fais des albums. J'2._____ pris des photos en Belgique.

Anri　　　: Des photos de quoi ?

Audrey　: J'ai 3._____ un match entre le PSG et le RSC il y a trois jours. Je 4._____ rentrée le jour même à Paris.

Anri　　　: Oh, tu as de la chance ! Tu t'5._____ levée tôt le matin ?

Audrey　: Oui, je me suis 6._____ à cinq heures. Regarde les photos.

Anri　　　: Pas maintenant. Envoie-7._____. Il est 23h50 au Japon. J'ai sommeil. Je vais me coucher.

Audrey　: Ah oui. Ici, il 8._____ 15h50. Bonne nuit, Anri !

4 〔2-38〕 音源を聞いて、発音された方にチェックをしよう。Écoutez et cochez ce que vous entendez.

1. ☐ des albums　　☐ des photos　　☐ les photos
2. ☐ Il est 15h50.　☐ Il est 20h50.　☐ Il est 5h50.
3. ☐ Envoie-les.　　☐ Envoie-le.　　☐ Envoie-la.

スピーキング　En interaction

5 上記の動詞 prendre, voir, se lever, rentrer, se coucher, entendre の中から3つの動詞を使って昨日したことを隣の人とペアで話そう。分からない単語は先生に聞こう。Parlez de ce que vous avez fait le weekend dernier.
Utilisez trois verbes parmi les verbes ci-dessus.

A：（週末何をしたか聞く。）

B：（したことをいう。あなたは？と聞き返す。）

A：（したことを言う。）

B：（感想を一言で述べる。）

リーディング　Compréhension écrite

6 次の文を和訳し、あとの問題に答えよう。Traduisez les phrases suivantes en japonais.

Aujourd'hui,
nous pouvons faire beaucoup de choses sur Internet et avec le smartphone : écrire, acheter, téléphoner, chatter, twitter, regarder une émission de télévision, consulter son compte en banque, trouver une information, envoyer un document, prendre une photo, faire une réservation, etc., et cela 24 heures sur 24. Il est de plus en plus difficile d'éviter Internet.

1. 正しいものを選ぼう。Choisissez la bonne réponse.
Sur Internet on peut　☐ regarder des matchs de foot.
　　　　　　　　　　　　☐ aller chercher un ami à l'aéroport.
　　　　　　　　　　　　☐ réserver une chambre.

2. パソコンやスマートフォンでできないことをいくつか挙げよう。友達と話してみよう。Écrivez
ce qu'on ne peut pas faire sur Internet. Et discutez-en avec des camarades.

ライティング　Production écrite

7 あんりになって、昨日の夜のオドレーとの会話をセドリックにメールしよう。書いたものはグループの人と交換してみよう。Vous êtes Anri. Vous écrivez à Cédric ce dont vous avez parlé avec Audrey.
Échangez votre mail avec un camarade.

Cédric,
J'ai parlé avec Audrey hier soir. Elle ...

1. 🎧 [2-39] 動詞 entendre
動詞の活用を発音して覚えよう。Prononcez la conjugaison du verbe *entendre*.
不定詞 entendre（聞こえる）の現在形の活用

j'	entends	nous	entendons
tu	entends	vous	entendez
il/elle/on	entend	ils/elles	entendent

2. 🎧 [2-40] ✎ 動詞 appeler
複合過去形で動詞の活用を書いてみよう。Écrivez la conjugaison du verbe *appeler* au passé composé.
不定詞 appeler（呼ぶ）の複合過去形の活用
過去分詞：appelé

j'	ai appelé	nous	
tu		vous	
il/elle/on		ils/elles	

✎ 書いてみよう。Écrivez en français.
彼はリクを呼んだ。＿＿＿＿＿＿＿＿＿＿＿.

4. 🎧 [2-42] 代名動詞の複合過去形（完了形）
動詞の活用を発音して覚えよう。Prononcez la conjugaison du verbe *se lever* au participe passé.
不定詞 se lever（起きる）の複合過去形の活用
過去分詞：levé
代名動詞の複合過去形では過去分詞に性数の一致が起こる。

je	me suis levé(e)	nous	nous sommes levé(e)s
tu	t'es levé(e)	vous	vous êtes levé(e)(s)
il	s'est levé	ils	se sont levés
elle	s'est levée	elles	se sont levées
on	s'est levé(e)(s)		

✎ 書いてみよう。Écrivez en français.
彼女は何時に à quelle heure 起きたの？
＿＿＿＿＿＿＿＿＿＿＿＿＿＿＿＿＿ ?

✎ 🔲 フランス語の表現と意味と複合過去形にした時にとる助動詞を結ぼう。Associez.

1. prendre une photo ・　・試合を見る（見た）　・
2. rentrer à Paris ・　・写真を撮る（撮った）　・　　・ avoir
3. voir un match ・　・22時に寝る（寝た）　・　　・ être
4. entendre une voix ・　・パリに帰る（帰った）　・
5. se coucher à 22h ・　・声が聞こえる（聞こえた）・

🔲 次の単語をフランス語のアルファベで言ってみよう。Prononcez les sigles suivants.

PSG / RSCA / OM / FCB / CDG / TGV

右の写真1と2を指す略語を選ぼう。Choisissez les sigles aux photos.

3. 🎧 [2-41] ✎ 動詞 rentrer
複合過去形で動詞の活用を書いてみよう。Écrivez la conjugaison du verbe *rentrer* au passé composé.
不定詞 rentrer（帰る）の複合過去形の活用
過去分詞：rentré

je	suis rentré(e)	nous	
tu		vous	
il/elle/on		ils/elles	

✎ 書いてみよう。Écrivez en français.
私は昨日夜10時に家に帰った。＿＿＿＿＿＿＿＿＿＿.

☆ 🎧 [2-43] 時刻
次の時間を、二つの言い方で言ってみよう。Dites les heures suivantes de deux façons différentes.

（朝 du matin, 午後 de l'après-midi, 夕方 du soir,
夜 de la nuit）
Ex.）10h30 du soir
23h45 / 15h00 / 11h30 / 19h15 / 8h00

【気づき】
Tu as de la chance !「いいね、ついてるね！」
くじに当たったら言ってみよう。
J'ai de la chance !

☆直接目的補語（COD）と間接目的補語（COI）
Tu m'entends ?「聞こえる？」の
me（m'）は直接目的語？
それとも間接目的語？

☆過去形（完了形）における直接目的補語（COD）
① avoir を助動詞にとる場合
a. Tu m'as appelé ?（me= 男性）
b. Tu m'as appelée ?（me= 女性）
直接目的の女性名詞が過去分詞より前に置かれた場合、性数の一致が起こる。

② être が助動詞になる場合
Je suis rentrée à Paris.
主語が女性（女性名詞）のとき、常に性数の一致が起こる。

1. 　　2.

2-8 Tu sais comment on va à Kyoto ? Thème Transports

1a [2-44] 会話を聞いて、シチュエーションはどちらか選ぼう。Écoutez le dialogue et choisissez la situation qui convient : « image gauche » ou « image droite » ?.

gauche

droite

1b [2-44] もう一度聞いて、対応するフランス語を書こう。Écoutez encore, choisissez et écrivez les phrases françaises qui correspondent au dialogue.

1_____ (　) 2_____ (　)

3_____ (　)

4_____ (　) 5_____ (　)

| Je pense aller à Arashiyama. | Tu sais comment on va à Kyoto ? | Tu viens avec moi ?

| Tu connais le pont Togetsy-kyo ? | D'habitude, on y va en train.

| Togetsu-kyo ?

1c フランス語に対応する日本語を選び、（　）にアルファベを書こう。Choisissez les phrases japonaises qui y correspondent et écrivez les lettres dans les endroits indiqués.

A：ふつうは電車で行くよ。　　　　　　　　　　C：渡月橋？

B：嵐山に行こうと思ってるんだ。京都への行き方は分かる？　D：渡月橋って知ってる？　　E：一緒に来る？

1d 答え合わせをし、シャドーイングをし、近くの人とロールプレイをしよう。Corrigez les réponses, faites le shadowing et jouez le dialogue avec vos camarades.

2a [2-44] 会話の続きを聞いて書こう。Écoutez la suite du dialogue, choisissez et écrivez les réponses.

6_____ (　)

7_____ (　)

8_____ (　)

| Il y a le pont Togetsu-kyo, n'est-ce pas ? | On peut faire une balade à pied.

| Arashiyama ? Euh... pourquoi pas ? Alors, il faut se lever tôt. | On prend un Shinkansen à Shinagawa et on descend à Kyoto.

| Oui, et on peut voir les feuilles rouges et jaunes d'automne.

2b フランス語に対応する日本語を選び、（　）にアルファベを書こう。Choisissez les phrases japonaises qui y correspondent et écrivez les lettres dans les endroits indiqués.

F：渡月橋があるよね？歩いて散策ができるね。　　　H：うん、それに秋の紅葉が見られるよ。

G：嵐山？そうねえ…いいわよ。じゃあ、早く起きなきゃ。品川で新幹線に乗って、京都で降りよう。

2c 答え合わせをし、シャドーイングをし、近くの人とロールプレイをしよう。Corrigez les réponses, faites le shadowing et jouez le dialogue avec vos camarades.

2d 京都ならではのものを表す言葉を選び、番号を書こう。Associez les mots correspondant aux photos des choses typiques de Kyoto. Écrivez le chiffre sous la photo.

A.（　）

B.（　）

C.（　）

1. cuisine japonaise traditionnelle **2.** temples **3.** forêt de bambous

リスニング　Compréhension orale

3 `2-45` 音源を聞いて空欄を埋め、ディクテをしよう。そのあとグループで演じてみよう。Faites la dictée. Ensuite jouez le dialogue avec des camarades.

Bernard　: 1.＿＿＿＿＿＿ le pont Togetsu-kyo ?

Anri　　　: Togetsu-kyo ?

Bernard　: 2.＿＿＿＿＿＿ aller à Arashiyama.　Tu sais comment on va à Kyoto ?

Anri　　　: D'habitude, on y va 3.＿＿＿＿＿＿.

Bernard　: Tu viens avec moi ?

Anri　　　: Arashiyama ? Euh... pourquoi pas ? Alors, 4.＿＿＿＿＿＿ se lever tôt. On prend un Shinkansen à Shinagawa et 5.＿＿＿＿＿＿ à Kyoto.

Bernard　: 6.＿＿＿＿＿＿ le pont Togetsu-kyo, n'est-ce pas ? On peut faire une balade 7.＿＿＿＿＿＿ .

Anri　　　: Oui, et on peut voir les feuilles rouges et jaunes d'automne.

4 `2-46` 音源を聞いて、発音されたものにチェックをしよう。Écoutez et cochez ce que vous entendez.

1. ☐ Je pense aller à Kyoto.　　☐ Je pense à Kyoto.　　☐ Je vais à Kyoto.
2. ☐ Il y a Saiho-ji.　　☐ Il faut aller à Saiho-ji.　　☐ Il va à Saiho-ji.
3. ☐ On descend du bus à Kokedera.　　☐ On va descendre à Kokedera.　　☐ On a descendu à Kokedera.
4. ☐ Il se lève tôt.　　☐ Il doit se lever tôt.　　☐ Il va se lever tôt.

スピーキング　En interaction

5a 以下の場所にどうやって行くか、ペアで会話しよう。Entraînez-vous avec vos camarades, en posant des questions « Comment... ? ».

Ex. A : On va à Tokyo comment ?　　B : On y va en bus.

1. à Osaka　　　2. à l'aéroport　　　3. en France　　　4. à l'université

5b パリを拠点に日帰り旅行をするならどの都市に行きたいか、またどうやって行くか調べよう。Vous êtes à Paris. D'abord, décidez en japonais d'une ville que vous voulez visiter, et de comment vous y allez et en revenez le jour même. Faites ensuite le dialogue en français.

Strasbourg　　　Orléans　　　château de Versailles

リーディング　Compréhension écrite

6 移動手段に関する文章を読んで訳そう。Lisez les phrases le moyen de transport et traduisez en japonais.

Le train est un moyen de transport pratique et économique pour se déplacer au Japon. Les trains sont à l'heure. Les réseaux de métro sont bien développés dans la plupart des grandes villes. Le bus est aussi pratique et ses lignes sont bien organisées pour voyager dans une ville comme Kyoto. À Kyoto il est agréable de se promener à pied. Mais à Tokyo et à Osaka, il vaut mieux prendre le métro et le train qui arrivent et partent toutes les cinq minutes.

ライティング　Production écrite

7 あなたはあんりです。オドレーに嵐山に行ったことをメールで書いてみよう。Vous êtes Anri. Écrivez à Audrey que vous êtes allée à Arashiyama.

Salut Audrey,
Je suis allée à Arashiyama avec Bernard, aujourd'hui.

Bises,
Anri

文法　Grammaire

1. 🎧 [2-47] 動詞 descendre

動詞の活用を発音して覚えよう。Prononcez la conjugaison du verbe *descendre*.

不定詞 descendre（降りる）の活用

je	descends	nous	descendons
tu	descends	vous	descendez
il/ elle/ on descend		ils/ elles	descendent

✏️ フランス語で書いてみよう。Écrivez en français.

次の駅で降りますか？

Vous ＿＿＿＿＿＿＿＿＿＿ à la prochaine ?

3. 中性代名詞 y

動詞の直前に置く。

✏️ 書き入れよう。Complétez.

1. 君は京都に行くの？ーうん、（そこに）行くよ。

Tu vas à Kyoto ? – Oui, j'＿＿＿＿ vais.

2. なぜパリへ行くの？ー友達に会いに（そこに）行く。

Pourquoi tu vas à Paris ? – Je vais ＿＿＿＿

voir mes amis.

✏️ 1 書き入れよう。Complétez.

1. 君はパリに行くの？

ーいや、行かないよ。

Tu vas à Paris ?

– Non, je n'＿＿＿＿ vais pas.

2. 彼女はニューカレドニアに行くの？

ーいや、行かないよ。

Elle va en Nouvelle Calédonie ?

–Non, elle ＿＿＿＿ va pas.

🎧 [2-48] 移動手段

✏️ 右と左を結ぼう。Associez.

en train ・

en bus ・

en métro ・

en bateau ・

en avion ・

à vélo ・

à pied ・

à moto ・

en voiture ・

✏️ 書き入れよう。Complétez.

私は東京に飛行機で行く。

Je vais à Tokyo ＿＿＿＿ .

2. connaître と savoir

connaître の場合、Tu connais le pont Togetsu-kyo ? / Je connais Bernard. と言えるが、savoir は制約があり、ふつう人や物が目的語にはならない。

また savoir の場合、Je sais nager.（→ L.2-4）/ Je sais qu'il est gentil. / Je ne sais pas s'il est gentil. と言えるが、connaître は制約があり、不定詞も接続詞 que も si 節も後に続かない。

✏️ 書き入れよう。Complétez.

1. アンリはパリをよく知っている。

Anri ＿＿＿＿ bien Paris.

2. 彼女は彼が日本に来ることを知っている。

Elle ＿＿＿＿ qu'il vient au Japon.

4. penser ＋動詞不定詞「…と思う、するつもりである」

✏️ 書き入れよう。Complétez.

1. 彼女は京都で降りるつもりだ。

Elle pense ＿＿＿＿ à Kyoto.

2. 私は東京に行こうと思う。

Je pense ＿＿＿＿ à Tokyo.

【気づき】疑問副詞 comment「どうやって」

✏️ 2 書き入れよう。Complétez.

1. 君はどうやってフランスに行くの？

Tu vas en France ＿＿＿＿ ?

2. 君はどうやってパリからリール Lille へ行くの？

＿＿＿＿＿＿＿＿＿＿＿＿＿＿＿＿ ?

3. LGV 北線 nord で行く。

Je prends la ＿＿＿＿＿＿＿＿＿＿＿＿ .

5. 非人称構文 il faut ...

il faut ＋動詞不定詞

✏️ 書き入れよう。Complétez.

1. 働かなければならない。

Il ＿＿＿＿＿＿＿＿＿＿＿＿＿＿＿ .

2. 6時に起きなければならない。

＿＿＿＿＿＿＿＿＿＿＿＿＿＿ à six heures.

Leçon 7

Ⅰ. 並び替えよう。 Mettez les mots dans l'ordre.

1. tôt / tu / levé / ce / t'es / matin ?

→ _____.

2. levées / à / 5 heures / elles / matin / sont / ce / se

→ _____.

3. vous / couchée / hier / êtes / vous / quelle / à / heure ?

→ _____.

Ⅱ. 性数一致に気をつけて, e, s, es を書き入れよう。不要の場合はØと書こう。 Complétez.

1. Elles se sont levé____ à 7 heures.
2. Elle s'est couché____ à minuit.
3. Ils se sont couché____ à 23 heures.
4. Il s'est levé____ à 7 heures.

Ⅲ. 否定文で答えてみよう。 Répondez à la forme négative.

1. Tu t'es levé tôt ce matin ?
– Non, _____.
2. Il s'est couché à minuit ?
– Non, _____.
3. Elle s'est couchée tôt hier ?
– Non, _____.

Ⅳ. 複合過去形にした場合の助動詞を結ぼう。 Associez l'infinitif à l'auxiliaire *avoir* ou *être* utilisé pour le passé composé.

venir •
aller •
prendre •
parler • • avoir
se coucher •
rentrer • • être
voir •
se lever •

Ⅴ. 複合過去形に書き換えよう。 Mettez au passé composé.

1. Audrey (se lever) _____ à cinq heures pour aller en Belgique.
2. Elle (aller) _____ au stade et elle (voir) _____ un match.
3. Elle (prendre) _____ beaucoup de photos.
4. Et elle (retourner) _____ à Paris le soir.

Ⅵ. 下線部が男性か女性か選ぼう。 Le pronom masculin ou féminin, choisissez.

1. Il t'a appelé. (m. / f.)
2. Tu m'as appellée ? (m. / f.)
3. Elle vous a appellée. (m. / f.)
4. Je me suis levée tôt. (m. / f.)
5. Il nous a cherchées partout. (m. / f.)
6. Vous êtes rentré tard hier. (m. / f.)

Leçon 8

I. 反対の意味を表す動詞を結ぼう。 Associez les verbes antonymes.

1. partir • • détester
2. se lever • • monter
3. descendre • • arriver
4. aimer • • se coucher

II. savoir か connaître かのいずれかを適切に活用（現在形）させて入れよう。 Mettez *savoir* ou *connaître* en conjuguant au présent.

1. Tu _____ que Sarah fait de la danse.
2. Vous ne _____ pas si Sarah fait de la danse.
3. Les étrangers ne _____ pas le temple Kiyomizu.
4. Elle ne _____ pas quelle danse Sarah pratique.

III.「何をしに」そこに行きますか、あるいは来ますか。例にならって答えよう。 Ajoutez la raison du voyage.

Ex. Marc va à Tokyo.（trouver un travail）
– Il va y trouver un travail.
1. Anri va à Lyon.（voir un spectacle musical）
– Elle _____
2. Bernard vient au Japon.（chercher une école de langue）
– Il _____.
3. Audrey va en Belgique.（voir ses grands-parents）
– Elle _____

IV. 上記 III. の最初の文の aller を visiter に変えてみよう。 Remplacez *aller* par *visiter* dans les phrases de l'exercice précédent.

Ex. Marc visite Tokyo pour trouver un travail.
1. Anri _____.
2. Bernard _____.
3. Audrey _____.

V. 次の文を例のように言い換えよう。 Réécrivez les phrases comme dans l'exemple.

Ex. Il faut aller aux cours mardi.（je）
-Je dois aller aux cours mardi.
-Je pense aller aux cours mardi.
-Je vais aux cours mardi.
1. Il faut descendre à Shinagawa.（tu）
-Tu _____.
-Tu _____.
-Tu _____.
2. Il faut se coucher tôt demain ?（vous）
-Vous _____?
-Vous _____?
-Vous _____?

2 **-9** **Leçon**

Attendez, je le pousse.

Thème **Bénévolat**

1a [2-49] 会話を聞いて、シチュエーションはどちらか選ぼう。Écoutez le dialogue et choisissez la situation qui convient : « image gauche » ou « image droite » ?

gauche   droite

1b [2-49] もう一度聞いて、対応するフランス語を書こう。Écoutez encore. Choisissez et écrivez les phrases françaises qui correspondent au dialogue.

1＿＿＿＿＿＿＿＿＿＿＿＿＿＿＿＿＿＿＿＿＿＿＿＿＿＿＿（　　）
2＿＿＿＿＿＿＿＿＿＿＿＿＿＿＿＿＿＿＿＿＿＿＿＿＿＿＿（　　）
3＿＿＿＿＿＿＿＿＿＿＿＿＿＿＿＿＿＿＿＿＿＿＿＿＿＿＿（　　）
4＿＿＿＿＿＿＿＿＿＿＿＿＿＿＿＿＿＿＿＿＿＿＿＿＿＿＿（　　）
5＿＿＿＿＿＿＿＿＿＿＿＿＿＿＿＿＿＿＿＿＿＿＿＿＿＿＿

| Oui. Bonjour. | Bonjour. | Vous êtes Mme Laura Tremblay, la skieuse canadienne ?

| Attendez. Je le pousse. | Il faut descendre au rez-de-chaussée. | Oui, le chariot à bagages est là-bas.

| Je suis Anri, étudiante en deuxième année à l'université. | Je suis venue vous chercher à l'aéroport. Vous avez des bagages ?

1c フランス語に対応する日本語を選び、（　）にアルファベを書こう。Choisissez les phrases japonaises qui y correspondent et écrivez les lettres dans les endroits indiqués.

A：そうです。こんにちは。
B：ええ、カートはあそこにあるわね。
C：待ってください。私が押します。一階まで降りないといけません。
D：私はあんり、大学2年生です。あなたを迎えに来ました。荷物ありますか？
E：こんにちは。ローラ・トレンブレさんですか、カナダのスキーヤーの？

1d 答え合わせをし、シャドーイングをし、近くの人とロールプレイをしよう。Corrigez les réponses, faites le shadowing et jouez le dialogue avec vos camarades.

2a あんりが言った「一階」 rez-de-chaussée とはどういう意味か、また、étageとはどういう考え方か友達と話してみよう。Discutez avec vos camarades ce que veulent dire le rez-de-chaussée et l'étage.

En France	Au Japon
2ᵉ étage	3ᵉ étage
1ᵉʳ étage	2ᵉ étage
rez-de-chaussée	1ᵉʳ étage

2b [2-49] 会話の続きを聞いて書こう。Écoutez la suite du dialogue, choisissez et écrivez les réponses.

6＿＿＿＿＿＿＿＿＿＿＿＿＿＿＿＿＿＿＿＿＿＿＿＿＿＿＿（　　）
7＿＿＿＿＿＿＿＿＿＿＿＿＿＿＿＿＿＿＿＿＿＿＿＿＿＿＿（　　）
8＿＿＿＿＿＿＿＿＿＿＿＿＿＿＿＿＿＿＿＿＿＿＿＿＿＿＿（　　）

| Merci. Il fait encore chaud à Tokyo. | C'est l'automne au Canada.

| Si vous avez soif, dites-le, s'il vous plaît. | Merci. | Vous êtes tous des bénévoles ?

2c フランス語に対応する日本語を選び、（　）にアルファベを書こう。Choisissez les phrases japonaises qui y correspondent et écrivez les lettres dans les endroits indiqués.

F：ありがとう。皆さんはボランティアなんですか？
G：ありがとう。東京はまだ暑いのね。カナダは秋よ。
H：のどが乾いたら、言ってください。

2d 答え合わせをし、シャドーイングをし、近くの人とロールプレイをしよう。Corrigez les réponses, faites le shadowing et jouez le dialogue avec vos camarades.

リスニング　Compréhension orale

3 [2-50] 音源を聞いて空欄を埋め、ディクテをしよう。そのあとグループで演じてみよう。Faites la dictée. Ensuite jouez le dialogue avec des camarades.

Anri　: Bonjour. Vous êtes Mme Laura Tremblay, la skieuse canadienne ?

Laura : Oui. Bonjour.

Anri　: Je suis Anri, étudiante en 1. _____ année à l'université. Je suis venue 2. _____ chercher à l'aéroport. Vous avez des bagages ?

Laura : Oui, le chariot à bagages est là-bas.

Anri　: Attendez. Je 3. _____ pousse. Il 4. _____ descendre au rez-de-chaussée.

Laura : Merci. Il 5. _____ encore 6. _____ à Tokyo. C'est l'automne au Canada.

Anri　: Si vous avez soif, 7. _____-le, s'il vous plaît.

Laura : Merci. Vous êtes 8. _____ des 9. _____ ?

4 [2-51] 音源を聞いて、発音されたものにチェックをしよう。Écoutez et cochez ce que vous entendez.

1. ☐ patinage 　　　　　　☐ patiner 　　　　　　☐ patinoire
2. ☐ Je suis athlète. 　　☐ jeune athlète 　　☐ Je suis une athlète.
3. ☐ Il fait une chaleur folle. 　☐ Il fait très chaud. 　☐ Il fait une forte chaleur.

スピーキング　En interaction

5 あなたは何のボランティアをしたいですか？ クラスの友達に取材してみよう。Quel type de bénévolat vous intéresse ? Demandez à vos camarades.

名前	何をしたいか　ex. travailler pour les enfants

※参考 référence

insertion professionnelle	tourisme
écovolontariat	sport
stage de journalisme	ONG (NGO)
mission humanitaire	agriculture
protection d'animaux	archéologie
développement d'infrastructures	médecine et santé

リーディング　Compréhension écrite

6a 次の文を和訳し、質問に答えてみよう。Traduisez les phrases suivantes en japonais, et répondez aux questions après.

> ### Vous pouvez tous devenir bénévoles !
> Êtes-vous lycéens, étudiants, diplômés, travailleurs en activité ou retraités ？ Les bénévoles ont le même désir d'engagement désintéressé dans une action de solidarité internationale. Les candidats augmentent tous les ans. Ils répondent aux besoins de ceux qui les accueillent. Selon sa disponibilité, son niveau de formation, sa situation professionnelle et ses intérêts, le bénévole rendra son séjour réussi.

1. Quelles personnes peuvent devenir un bénévole ?
   ☐ étudiants 　　　　　☐ retraités 　　　　　☐ tous
2. Les bénévoles ont en commun
   ☐ l'intérêt pour l'argent. 　☐ le désir d'être solidaire. 　☐ la volonté de voyager.
3. ボランティアの意味と異なる単語はどれでしょう。cochez l'intrus.
   ☐ mission 　　　　　☐ engagement 　　　　　☐ salarié

6b 通訳ボランティアで、単語が分からなくなったらどうしますか？ グループで解決してみよう。Qu'est-ce que vous feriez, quand vous ne comprenez pas ce que dit l'autre dans un travail d'interprétation ? Discutez en groupe.

ライティング　Production écrite

7 あんりが通訳ボランティアをしている頃、ベルナールは別のボランティアをしていました。ベルナールがあなたにその話をメールで書いています。彼のメールを想像して書こう。Quand Anri fait du bénévolat d'interpréter, Bernard en fait un autre. Vous êtes Bernard. Écrivez à Anri.

Salut Anri,

1. 🔊2-52 ✎ 動詞 pousser

動詞の活用を書いてみよう。Écrivez la conjugaison du verbe *pousser*.

不定詞 pousser（押す）（-er 動詞）の活用

je	pousse	nous	
tu		vous	
il/ elle/on		ils/elles	

✎ **書いてみよう**。Écrivez en français.
「ドア porte を押してくれる？」＿＿＿＿＿＿＿＿＿＿＿＿＿＿?

☆ 🔊2-53 **季節**

季節を表す単語と前置詞を結ぼう。
Associez.

```
                      · printemps
au    ·               · été
en    ·               · automne
                      · hiver
```

2. 直接目的補語代名詞の位置 COD

le, la, les, me, te, nous, vous は動詞の直前に置かれる。Le COD se place juste devant le verbe concerné.

1. Je pousse ＿＿＿＿. 「カートを押す」 ＝＞ Je ＿＿ pousse. 「それを押す。」
2. J'ai poussé ＿＿＿＿. 「カートを押した」 ＝＞ Je ＿＿ai poussé. 「それを押した。」
3. Je cherche ＿＿＿＿. 「ローラを探す」 ＝＞ Je ＿＿ cherche. 「彼女を探す。」
4. J'ai cherché ＿＿＿＿. 「ローラを探した」 ＝＞ Je ＿＿ai cherchée. 「彼女を探した。」
5. Je viens chercher ＿＿＿＿. 「ローラを迎えに来る」 ＝＞ Je viens ＿＿ chercher. 「彼女を探しに（迎えに）来る。」
6. Je suis venu chercher ＿＿＿＿. 「ローラを迎えに来た」 ＝＞ Je suis venu ＿＿ chercher. 「彼女を迎えに来た。」
7. Laura, ＿＿＿＿＿＿＿＿＿＿＿＿＿＿＿＿＿＿＿＿. 「ローラ、あなたを迎えに来たよ。」

☆**中性代名詞 le**

Si vous avez soif, dites-le.
「のどが渇いたら、<u>そう（のどが渇いたと）</u>言ってください。」
前の文章全体を受ける。

比較しよう

Audrey envoie <u>les photos</u> à Anri. →Envoie-<u>les</u> à Anri.

☆ ✎ **表現** J'ai chaud. 「私は暑い。」J'ai froid. 「私は寒い。」といえます。では次のようなとき、どう言いますか。Écrivez en français.

今日は暑いけど、私は暑くないよ。
＿＿＿＿＿＿＿＿＿＿＿＿＿＿＿＿＿＿＿＿.

🔊2-54 ☆**天気**

Quel temps fait-il ? 「今、どんな天気？」

✎ **1** Il fait chaud. Il fait froid. Il fait beau.
(mauvais, bon, nuageux など使える)
Il neige. 「＿＿＿＿ が降っている。」
Il pleut. 「＿＿＿＿ が降っている。」

✎ **2** 下の解説に従って天気マークの番号を地図に書き込もう。Mettez les chiffres en suivant les informations en bas.

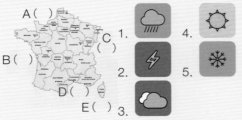

```
A ( )
        C
B ( )   ( )      1.      4.
             2.      5.
D ( )
   E ( ) 3.
```

1. Il fait mauvais et il pleut au nord.
2. Il fait des orages au sud.
3. Il fait nuageux en Corse.
4. Il y a du soleil et il fait bon à l'ouest.
5. Il neige et il fait froid à l'est.

【気づき】
フランス語で「ボランティア」や「ボランティアをする人」は、**volontariat**, **volontaire**ともいう。

✎ **3** 「〜のとき」quand, si を使って書いてみよう。

Écrivez en français.
Ex.）お腹がすいたら、レストランへ行こう。→ Quand (Si) on a faim, on va au restaurant.
1.「寒いときはコートを着て。porter, ton maunteau」
→ Quand tu as forid, tu ＿＿＿＿＿＿＿＿＿＿＿＿＿.
2.「一人なら、チャットするといい。chatter, avec vos amis」
→ Si vous êtes seul(e), vous ＿＿＿＿＿＿＿＿＿＿＿＿＿

🔊2-55 **vocabulaire** ボランティア活動

✎ 右と左を結ぼう。Associez.

1. ゴミ拾い ・　　　　・ parler en langue des signes
2. 手話 ・　　　　・ assurer un approvisionnement alimentaire
3. 犬の散歩 ・　　　　・ sortir les chiens
4. 食料補給 ・　　　　・ ramasser les déchets et les ordures
5. 通訳 ・　　　　・ faire de l'interprétaria

上記の1~5の活動を下の写真と結ぼう。Associez les activités aux photos.

A ( )　　　B ( )　　　C ( )

D ( )　　　E ( )

Vous mettez du chou.

Thème Gastronomie

1a 🎧 👥 会話を聞いて、シチュエーションはどちらか選ぼう。Écoutez le dialogue et choisissez la situation qui convient : « image gauche » ou « image droite » ?

gauche

droite

1b 🎧 👤 もう一度聞いて、対応するフランス語を書こう。Écoutez encore. Choisissez et écrivez les phrases françaises qui correspondent au dialogue.

1 _____ (　　)

2 _____

_____ (　　)

3 _____ (　　)

| Je n'en ai jamais mangé. 　C'est facile à cuisiner ?

| Attendez Anri. 　Ça sent bon ! 　C'est quoi, ce plat ?

| C'est de l'okonomiyaki, une pâte grillée avec une sauce sucrée et salée. 　Ça ressemble à de la galette.

1c 👤 フランス語に対応する日本語を選び、（　）にアルファベを書こう。Choisissez les phrases japonaises qui y correspondent et écrivez les lettres dans les endroits indiqués.

A：これはお好み焼き、甘辛いソースをつけて焼いた生地です。ガレットに似てます。

B：食べたことないなあ。簡単に作れるんですか？　　　C：待ってください、あんり。いい匂い！この料理は何ですか？

1d 👥 答え合わせをし、シャドーイングをし、近くの人とロールプレイをしよう。Corrigez les réponses, faites le shadowing et jouez le dialogue avec vos camarades.

2a 👤 お好み焼きに似たフランス名物のガレットの材料を挙げよう。Citez des ingrédients de la galette, une spécialité française qui ressemble à de l'okonomiyaki.

de la galette 　de l'okonomiyaki

2b 🎧 👤 会話の続きを聞いて書こう。Écoutez la suite du dialogue, choisissez et écrivez les réponses.

4 _____ (　　)

5 _____

_____ (　　)

| Si j'ai le temps pendant mon séjour, je cuisinerai avec mon équipe.

| Oui. 　Vous mettez du chou, des œufs, de la viande ou des fruits de mer dans un bol, et vous mélangez tout.

| Vous le faites cuire vous-même sur une plaque de métal ou dans une poêle !

2c 👤 フランス語に対応する日本語を選び、（　）にアルファベを書こう。Choisissez les phrases japonaises qui y correspondent et écrivez les lettres dans les endroits indiqués.

D：はい。キャベツ、卵、肉や海の幸をボールに入れて、全部混ぜます。鉄板かフライパンで自分で焼いてください！

E：もし滞在中に時間があれば、チームの人たちと作ってみますね。

2d 👥 答え合わせをし、シャドーイングをし、近くの人とロールプレイをしよう。
Corrigez les réponses, faites le shadowing et jouez le dialogue avec vos camarades.

2-10

Leçon

リスニング　Compréhension orale

3 2-57 音源を聞いて空欄を埋め、ディクテをしよう。そのあとグループで演じてみよう。Faites la dictée. Ensuite jouez le dialogue avec des camarades.

Laura : Attendez Anri. Ça sent bon ! C'est quoi, 1. _____ plat ?

Anri : C'est de l'okonomiyaki, 2. _____ pâte grillée avec une sauce sucrée et salée. Ça ressemble à de la galette.

Laura : Je 3. _____ en ai 4. _____ mangé. C'est facile à cuisiner ?

Anri : Oui. Vous 5. _____ du chou, des œufs, de la viande ou des fruits de mer dans un bol, et vous mélangez tout. Vous le 6. _____ cuire vous-même sur une plaque de métal ou dans une poêle !

Laura : Si 7. _____ le temps pendant 8. _____ séjour, je 9. _____ avec mon équipe.

4 2-58 音源を聞いて、発音されたものにチェックしよう。Écoutez et cochez ce que vous entendez.

1. ☐ Mettez des œufs.　　☐ Mettons des œufs.　　☐ Mettre des œufs.
2. ☐ Je prendrai le métro.　☐ Tu prendras le métro.　☐ On prendra le métro.
3. ☐ Il cuisine.　　　　　☐ Il cuisinera.　　　　　☐ Elle cuisine.

スピーキング　En interaction

5 時間があるとき行きたい場所としたいことについて、例にならって近くの人と話そう。Faites un dialogue avec votre camarade en utilisant « si tu as le temps, ... » comme dans l'exemple.

Exemple : A : Si tu as le temps, où est-ce que tu veux aller ?

　　　　　B : J'irai en Mongolie avec ma famille. Nous mangerons des plats traditionnels mongols.

リーディング　Compréhension écrite

6a ブルターニュ地方の郷土料理についての文章を読み、質問に答えよう。Lisez les phrases sur les spécialités de Bretagne et répondez aux questions.

> **La Bretagne** est une région de l'ouest de la France, entourée de la Manche au nord et de l'océan Atlantique à l'ouest. C'est une région avec une grande variété de fruits de mer : poissons, huîtres, moules, etc. La région est aussi réputée pour ses crêpes et galettes. Les crêpes de blé au froment en Basse Bretagne se mangent avec du sucre ou de la confiture ; les galettes de blé noir en Haute Bretagne, avec des œufs, du jambon ou du fromage.

1. Où est la Bretagne ? _____

2. Quels sont les spécialités de la Bretagne ? Écrivez cinq choses : _____ _____ _____ _____ _____

3. Quels sont les ingrédients de la crêpe ? Écrivez deux choses : _____ _____

6b 次のフランス料理についてグループで調べよう（地方、材料、作り方…）。En groupe, consultez les plats traditionnels français (régions, ingrédients, recettes...).

1. la choucroute　　　2. la fondue　　　3. la bouillabaisse

ライティング　Production écrite

7 ローラになって、お好み焼きのレシピについてSNSでつぶやこう。
Vous êtes Laura, postez sur un réseau social la recette de l'okonomiyaki.

> Voici la recette de l'okonomiyaki. On met ...

1. 🎧✏️ 動詞 attendre

動詞の活用を発音して覚えよう。Prononcez la conjugaison du verbe *attendre*.

不定詞 attendre（待つ）（-er 動詞）の活用

j'	attend**s**	nous	attend**ons**
tu	attend**s**	vous	attend**ez**
il / elle / on	attend	ils / elles	attend**ent**

3. 🎧✏️ 動詞 cuisiner

動詞の活用を書いてみよう。Écrivez la conjugaison des verbes *cuisiner* au futur simple.

不定詞 cuisiner（調理する）の単純未来形の活用

je	cuisine**rai**	nous	
tu		vous	
il / elle / on		ils / elles	

→単純未来形（→ L.1-13）

✏️ 単純未来形の活用を書き入れよう。Complétez avec le verbe au futur.

1. Tu _____ à Monaco demain matin. [arriver]
2. Ils _____ un voyage au Québec. [faire]

2-62 🎧 ☆味を表す形容詞

✏️ 意味と結ぼう。Associez l'adjectif et son sens.

sucré(e) ・　　　・ 酸っぱい

piquant(e) ・　　　・ 甘い

acide ・　　　・ 塩辛い

salé(e) ・　　　・ 辛い

☆表現 ressembler à 〜 「〜に似ている」

Ça ressemble à un tableau de Picasso.
「これは、マティス Matisse の絵に似ている」
Ça _____

2-63 🎧 vocabulaire 台所用具 ustensiles

✏️ 左と右を結ぼう。Associez.

1. 椀・ボール ・　　　・ assiette (f.)

2. フライパン ・　　　・ poêle (f.)

3. 皿 ・　　　・ casserole (f.)

4. 鍋 ・　　　・ bol (m.)

2. 🎧✏️ 動詞 mettre

動詞の活用を発音して覚えよう。Prononcez la conjugaison du verbe *mettre*.

不定詞 mettre（入れる、置く、着る）の活用

je	met**s**	nous	mett**ons**
tu	met**s**	vous	mett**ez**
il / elle / on	met	ils / elles	mett**ent**

✏️ mettreの活用を書き入れよう。Complétez avec le verbe *mettre*.

1. Où est-ce que je _____ mon sac ?
2. Pauline _____ le bébé dans son lit.

4. ✏️ 使役動詞 faire＋不定詞 infinitif 「〜させる」

動詞 cuire「焼く、煮る」
直接目的語 le「それを」の位置にも注意。
Vous le faites cuire.「それを（火に）焼かせる ＝それを焼く、煮る」

5. ✏️ ＜si + 現在形, 単純未来形＞「もし〜なら…しよう」

「もし時間があれば、○○しよう」と文章を書いて言おう。Ecrivez en français comme dans l'exemple et proononcez.

Ex.) Si j'ai le temps, j'irai aux États-Unis.

_____.

6. ＜ne ... jamais＞「けっして〜ない」

現在形：Tu manges souvent des céleris ?
　　　　-Non, je **n'**en mange **jamais**.

✏️ フランス語にしよう。Écrivez en français.
「ニンジン des carottes をよく食べる？」「いや、絶対食べない。」

_____

_____

複合過去形：Tu as déjà rencontré des célébrités ?
　　　　-Non, je **n'**en ai **jamais** rencontré.

✏️ 次の文をフランス語で書いて言ってみよう。Écrivez en français et prononcez.
「流れ星 des étoiles filantes を見たことがある？」「いや、一度も見たことがない。」

_____

_____

【気づき】便利な代名詞 ça

Ça は、もの、状況などを「これ」「それ」と指す便利な代名詞で、主語にも目的語にも使われる。

Ça ressemble à de la galette.「それはガレットに似ている。」
Ça me fait plaisir.「それは私を喜ばせる（＝嬉しいな）。」
J'aime ça.「それ好き。」
Tu fais comme ça.「このようにやるんだよ。」

② Exercices

Leçon9

Ⅰ. 動詞 dire の活用を書き入れよう。Conjuguez le verbe *dire*.

1. Elle _____ la vérité sur cet accident.
2. Ils ne _____ rien à ses parents.
3. Je _____ au revoir à tous.
4. S'il te plaît, ne _____ pas la bêtise !

Ⅱ. 季節につく前置詞を書き入れよう。Mettez la préposition devant le nom des saisons.

Quand le Brézil est _____ été, nous sommes _____ hiver au Japon. Et quand l'Australie est _____ printemps, nous sommes _____ automne.

Ⅲ. 次の文にふさわしい代名詞を書き入れよう。Mettez le pronom.

1. Tu présentes ton cousin à moi ?
   –Oui, je _____ présente à toi.
2. Il prend ces bagages ?
   – Non, il ne _____ prend pas.
3. Vous avez aimé le spectacle ?
   –Oui, nous _____ avons bien aimé.
4. Tu es venu chercher ton chien ?
   –Oui, je suis venu _____ chercher.
5. Vous avez poussé votre voiture jusqu'ici ?
   –Non, je ne _____ ai pas poussée.
6. Si tu as faim, dis-_____ .

Ⅳ. 次の文が表す絵を選ぼう。Associez.

1. Il fait froid. _____
2. Il pleut. _____
3. Il fait beau. _____
4. Il neige. _____
5. Il fait chaud. _____
6. Il fait nuageux. _____

a   b   c

d   e   f

Ⅴ. 🎧 3-12 次の文の音源を聞き、フランス語で書こう。
Écoutez et écrivez en français.

私は月に1回ゴミ拾いをしています。それから手話が少しできます。でも犬の散歩をするのは好きではありません。あなたはボランティアをしたいですか？もしあなたがボランティアなら、何をしたいですか？

_____
_____
_____
_____

Leçon10

Ⅰ. attendre, descendre, mettre の現在形の活用を書き入れよう。Conjuguez les verbes au présent.

1. Tu mets des légumes dans le bol ?
   -Oui, je _____ des légumes dans le bol.
2. Tu m'attends où ?
   -Je t'_____ à la gare de Shinagawa.
3. _____ ces pommes de terre sur la table, s'il vous plaît.
4. Vous _____ le train de 10h32 ?
5. Vous ne _____ pas du train ?
6. Ils _____ leur professeur dans la classe.

Ⅱ. ne...jamais（決して～ない）、ne...rien（何も～ない）、ne...plus（もはや～ない）、ne...pas du tout（全然～ない）のどれを使いますか？ Quelle forme négative utilisez-vous ?

1. Je _____ ai _____ pour toi, désolé.
2. Tu _____ es _____ allé au Japon ?
3. Vous _____ restez _____ ici. Il faut partir.
4. Je _____ aime _____ le chou.

Ⅲ. 次の動詞を単純未来形にしよう。Mettez le verbe au futur simple.

1. Si j'ai le temps, je (prendre) _____ un bain.
2. Si j'ai le temps, je (faire) _____ du jogging.
3. Si j'ai le temps, je t' (écrire) _____.
4. Si j'ai le temps, je (sortir) _____ avec toi.

Ⅳ. 🎧 3-13 音源を聞きながら、写真と形容詞を結ぼう。
Associez les photos aux adjectifs en écoutant le CD .

1. ( )   2. ( )   3. ( )

4. ( )   5. ( )

a. salé
b. sucré et salé
c. sucré
d. piquant
e. acide

Ⅴ. 例にならって、次の時間にあなたは何を食べるか言ってみよう。Dites ce que vous mangez aux heures suivantes comme dans l'exemple.

Ex. ③Je prends un gâteau au chocolat à quatre heures.

①	②	③	④	⑤
7：45	12：15	16：00	19：30	23：00

① 7：45 （カフェオレとジャム付きバゲット）
② 12：15 （スパゲティナポリタンとサラダ）
③ 16：00 （ガトー・オ・ショコラ）
④ 19：30 （鮭のグリルとコーンスープ）
⑤ 23：00 （通常食べない）

2-11 Il n'est pas encore inscrit.

Thème Patrimoine mondial

1a 2-64 会話を聞いて、シチュエーションはどちらか選ぼう。Écoutez le dialogue et choisissez la situation qui convient : « image gauche » ou « image droite » ?

gauche

droite

1b (2-64) もう一度聞いて、対応するフランス語を書こう。Écoutez encore. Choisissez et écrivez les phrases françaises qui correspondent au dialogue.

1 _____ ( )
2 _____ ( )
3 _____ ( )
4 _____ ( )

| Avant-hier. | C'est chouette de te voir à Kamakura. | Quand est-ce que tu es arrivé à Tokyo ?

| Anri ! Tu vas bien ? | Ça fait longtemps qu'on ne s'est pas vu. | Cédric !

1c フランス語に対応する日本語を選び、( ) にアルファベを書こう。Choisissez les phrases japonaises qui y correspondent et écrivez les lettres dans les endroits indiqués.

A：いつ東京に着いたの？
B：おととい。君と鎌倉で会うなんてステキだなあ。
C：あんり！元気？久しぶりだね。
D：セドリック！

1d 答え合わせをし、シャドーイングをし、近くの人とロールプレイをしよう。Corrigez les réponses, faites le shadowing et jouez le dialogue avec vos camarades.

2a (2-64) 会話の続きを聞いて書こう。Écoutez la suite du dialogue, choisissez et écrivez les réponses.

5 _____ ( )
6 _____ ( )
7 _____ ( )

| Tu connais le Grand Bouddha ?

| Il n'est pas encore inscrit au patrimoine mondial. C'est dommage. | Mais il sera inscrit plus tard. On se promènera en ville, après ?

| Oui, je l'ai étudié. Le Grand Bouddha de Kamakura est situé à 50 km de Tokyo. | Il a été construit au XIIIe siècle et il a été détruit plusieurs fois.

2b フランス語に対応する日本語を選び、( ) にアルファベを書こう。Choisissez les phrases japonaises qui y correspondent et écrivez les lettres dans les endroits indiqués.

E：世界遺産にまだ登録されていないのよね。残念。でもそのうち登録されるでしょう。あとで街を散歩する？
F：うん、勉強したよ。鎌倉の大仏は東京から50キロのところにあって、13世紀に建設され、何度も破壊された。
G：大仏のこと知ってるの？

2c 鎌倉の大仏と奈良の大仏はどちらが高いでしょう。Quel Bouddha est plus grand ?

2d 答え合わせをし、シャドーイングをし、近くの人とロールプレイをしよう。Corrigez les réponses, faites le shadowing et jouez le dialogue avec vos camarades.

onze mètres

quatorze mètres et quatre-vingts centimètres

リスニング　Compréhension orale

3 [2-65] 音源を聞いて空欄を埋め、ディクテをしよう。そのあとグループで演じてみよう。Faites la dictée. Ensuite jouez le dialogue avec des camarades.

Anri　　: Cédric !

Cédric : Anri ! Tu vas bien ? Ça fait longtemps qu'on ne s'1.＿＿＿＿ pas vu.

Anri　　: Quand est-ce que tu es 2.＿＿＿＿＿ à Tokyo ?

Cédric : Avant-hier. C'est chouette de 3.＿＿ voir à Kamakura.

Anri　　: Tu 4.＿＿＿＿＿ le Grand Bouddha ?

Cédric : Oui, je 5.＿＿＿＿ étudié. Le Grand Bouddha de Kamakura est 6.＿＿＿＿ à 50 km de Tokyo. Il a 7.＿＿＿ construit au XIIIᵉ siècle et il 8.＿＿ été détruit plusieurs fois.

Anri　　: Il n'est pas encore 9.＿＿＿＿ au patrimoine mondial. C'est dommage. Mais il 10.＿＿＿ inscrit plus tard. On se 11.＿＿＿＿＿＿ en ville, après ?

4 [2-66] 次は日本の世界文化遺産です。発音されたものにチェックをしよう。Écoutez et cochez ce que vous entendez.

1. 小笠原諸島　　: □ île d'Ogasawara　　　　□ archipel d'Ogasawara　　　　□ Ogasawara shoto
2. 国立西洋美術館 : □ musée occidental du Japon □ musée national de l'occident □ musée national de l'art occidental
3. 原爆ドーム　　: □ dôme de Genbaku　　　　□ dôme de la Bombe Atomique □ mémorial de la paix d'Hiroshima

スピーキング　En interaction

5 行ったことのある日本の世界遺産 patrimoine mondial du Japon をクラスの友達3人に聞いてみよう。
Demandez à vos camarades le nom du lieu du patrimoine mondial du Japon où ils ont visité.

名前 prénom	場所 nom du lieu

[2-67] 参考 référence

Sanctuaires et temples de Nikko (1999)	Sites Gusuku et biens associés du royaume des Ryukyu (2000)
Shiretoko (2005)	Fujisan, lieu sacré et source d'inspiration artistique (2013)
Sanctuaires shinto d'Itsukushima (1996)	Filature de soie de Tomioka et sites associés (2014)

リーディング　Compréhension écrite

6 次の文を読み、1.〜4. に日本語で答えよう。Lisez et répondez aux questions suivantes en japonais.

> Le patrimoine mondial est l'héritage du passé que nous transmettons aux générations suivantes. Il y a les patrimoines culturel et naturel. On a plusieurs catégories de patrimoine : le patrimoine immobilier, le patrimoine mobilier, le patrimoine immatériel, etc. Le concept est universel. Les sites et les objets du patrimoine mondial sont le bien de tous les peuples du monde, sans tenir compte du territoire sur lequel ils sont situés. La guerre, les séismes, la pollution, le braconnage et le développement incontrôlé du tourisme posent des problèmes aux sites du patrimoine mondial.

1. La définition du patrimoine　　　　＿＿＿＿＿＿＿＿＿＿＿＿＿＿＿＿＿＿
2. Les catégories de patrimoine　　　　＿＿＿＿＿＿＿＿＿＿＿＿＿＿＿＿＿＿
3. Le concept du patrimoine　　　　　 ＿＿＿＿＿＿＿＿＿＿＿＿＿＿＿＿＿＿
4. Les causes de disparition du patrimoine ＿＿＿＿＿＿＿＿＿＿＿＿＿＿＿＿＿＿

7 世界遺産を見に行くとき、あなたはどのような準備をしていきますか？ また、それはなぜですか？ Préparez-vous quand vous allez visiter un patrimoine mondial ? Discutez pourquoi vous faites cette préparation.

ー何もしない　　　ー場所や行き方を調べてから行く　　　ー対象物について調べてから行く

ライティング　Production écrite

8 あなたはあんりです。オドレーにセドリックと鎌倉で会ったメールを書こう。Vous êtes Anri. Écrivez à Audrey sur la promenade à Kamakura avec Cédric.

Chère Audrey,
…

1. 🎧 2-68 代名動詞 se voir

動詞の活用を発音して覚えよう。Prononcez la conjugaison du verbe *se voir* au présent et au passée composé.

不定詞 se voir （互いに会う）の活用

on	se voit	nous	nous voy**ons**
		vous	vous voy**ez**
		ils/elles	se voi**ent**

✏ **書いてみよう**。Écrivez en français.
明日会おう。on ＿＿＿＿＿＿＿＿＿＿＿.

不定詞 se voir （互いに会う）の複合過去形の活用

on s'est vu(e)(s)	nous nous sommes vu(e)(s)
	vous vous êtes vu(e)(s)
	ils se sont vus
	elles se sont vues

✏ **書いてみよう**。Écrivez en français.
昨日会った。On ＿＿＿＿＿＿＿＿＿＿.

3. 過去分詞
✏ 右の動詞とその過去分詞を結ぼう。
Associez l'infinitif du verbe à son p.p.

1. situer ・ ・ construit
2. inscrire ・ ・ inscrit
3. construire ・ ・ détruit
4. détruire ・ ・ situé

4. 受動態
être + 過去分詞
大仏は東京から50km のところに位置している。
Le Grand Bouddha est situé à 50 km de Tokyo.
聖堂は町の中心にある。
La cathédrale est située au centre ville.

✏ **書いてみよう**。Écrivez en français.
Ex.) 寺が建てられる。　Le temple est construit.
1. 寺が建てられた。　Le temple a été construit.
2. 聖堂は人々に訪れられる。Le temple est＿＿＿＿＿＿ par le public.
3. 寺は破壊される。　Le temple ＿＿＿＿＿＿＿＿＿.
4. 寺は破壊された。　Le temple ＿＿＿＿＿＿＿＿.

5. 🎧 2-70 動詞 inscrire

動詞の活用を発音して覚えよう。Prononcez la conjugaison du verbe *inscrire*.

不定詞 inscrire （記載する、登録する）の活用

j'	inscris	nous	inscriv**ons**
tu	inscris	vous	inscriv**ez**
il/elle/on	inscrit	ils/elles	inscriv**ent**

Pompéi

Centre historique de Rome

2. 🎧 2-69 否定形

動詞の活用を発音して覚えよう。Prononcez la conjugaison du verbe *se voir* au participe passé à la forme négative.

不定詞 se voir （互いに会う）の複合過去形の否定形

on **ne** s'est **pas** vu(e)(s)	nous **ne** nous sommes **pas** vu(e)s
	vous **ne** vous êtes **pas** vu(e)(s)
	ils **ne** se sont **pas** vus
	elles **ne** se sont **pas** vues

✏ **書いてみよう**。Écrivez en français.
昨日会わなかったね。On ＿＿＿＿＿＿＿＿＿＿.

☆「久しぶりだね」
上記 2. と、強調構文の組み合わせで作る。
Ça fait longtemps qu'on ne s'est pas vu. 会わなくなって長いね。
✏ **書いてみよう**。Écrivez en français.
1. 私達もう2年も会ってないね。
＿＿＿＿＿＿＿＿＿＿＿＿＿＿＿＿＿.
2. 私達、もう何年会わなかったかな？
＿＿＿＿＿＿＿＿＿＿＿＿＿＿＿＿＿?

【気づき】
主語onは単数扱いにも複数扱いにもなる。

Paris, rives de la Seine

☆inscrire と s'inscrire
違いを考えよう。Quelle est la différence entre *inscrire* et *s'inscrire* ?
1. Je suis inscrit à la classe C.
2. Je m'inscris aux cours de langue.

☆ローマ数字
左と右を結び、最後は自分で書いてみよう。
Associez et écrivez.

1. XIII ・	・ 13	X：10
2. IX ・	・ 9	L：50
3. XIV ・	・ 14	C：100
4. XIX ・	・ 19	D：500
5. MCM ・	・ 1900	M：1000
6. ＿＿＿＿	2020	

1a [2-71] 会話を聞いて、シチュエーションはどちらか選ぼう。 Écoutez le dialogue et choisissez la situation qui convient : « image gauche » ou « image droite » ?

gauche

droite

1b [2-71] もう一度聞いて、対応するフランス語を書こう。 Écoutez encore. Choisissez et écrivez les phrases françaises qui correspondent au dialogue.

1_____ (   )

2_____ (   )

3_____ (   )

| Oui, bien sûr.   Je vous dis « Merci » pour vos messages chaleureux !

| Laura Tremblay, félicitations !   Vous avez obtenu une médaille d'or en ski alpin.   Vous voulez dire quelque chose à vos fans ?

| Pouvez-vous nous raconter votre enfance, Laura ?   Quand est-ce que vous avez commencé le ski ?

1c フランス語に対応する日本語を選び、（ ）にアルファベを書こう。 Choisissez les phrases japonaises qui y correspondent et écrivez les lettres dans les endroits indiqués.

A：はい、もちろん。温かいメッセージを「ありがとう」と言いたいです！

B：ローラ・トランブレさん、おめでとうございます！アルペンスキーで金メダルを獲得しましたね。ファンの皆さんに何かひと言？

C：子どもの頃のことを話していただけますか？　いつスキーを始めたんですか？

1d 答え合わせをし、シャドーイングをし、近くの人とロールプレイをしよう。 Corrigez les réponses, faites le shadowing et jouez le dialogue avec vos camarades.

2a カナダにフランス語を話す人がいるのはなぜでしょう？ Savez-vous pourquoi il y a des gens qui parlent français au Canada ?

2b [2-71] 会話の続きを聞いて書こう。 Écoutez la suite du dialogue, choisissez et écrivez les réponses.

4_____ (   )

5_____ (   )

6_____ (   )

| Quand j'étais écolière, j'ai commencé le ski et le snowboard en même temps.   Je faisais du ski quand j'allais chez ma grand-mère.

| Je faisais du snowboard après l'école.   Je pratiquais toujours les deux en parallèle.

| Oui, la technique est plus difficile, mais la distance est moins longue.

| Demain, vous avez une compétition de snowboard.

2c フランス語に対応する日本語を選び、（ ）にアルファベを書こう。 Choisissez les phrases japonaises qui y correspondent et écrivez les lettres dans les endroits indiqués.

D：はい、テクニックはより難しいですが、距離は短いです。　　　　F：明日はスノーボードの競技がありますね。

E：小学生の頃、スキーとスノボを同時に始めました。スキーは祖母の家に行くときにしていました。スノボは放課後にしていました。二つともずっと並行してやっていたんです。

2d 答え合わせをし、シャドーイングをし、近くの人とロールプレイをしよう。 Corrigez les réponses, faites le shadowing et jouez le dialogue avec vos camarades.

リスニング　Compréhension orale

3 `2-72` 音源を聞いて空欄を埋め、ディクテをしよう。そのあとグループで演じてみよう。Faites la dictée.
Ensuite jouez le dialogue avec des camarades.

(Dans une émission de sports)

Le journaliste : Laura Tremblay, félicitations ! Vous **1.**＿＿＿＿＿ obtenu une médaille d'or en ski alpin. Vous voulez dire quelque chose à vos fans ?

Laura : Oui, bien sûr. Je **2.**＿＿＿ dis « Merci » pour vos messages chaleureux !

Le journaliste : Pouvez-vous **3.**＿＿＿ raconter votre enfance, Laura ? Quand est-ce que vous **4.**＿＿＿＿＿ le ski ?

Laura : Quand **5.**＿＿＿＿＿ écolière, **6.**＿＿＿＿＿ le ski et le snowboard en même temps. Je **7.**＿＿＿＿ du ski quand **8.**＿＿＿ chez ma grand-mère. Je **9.**＿＿＿＿ du snowboard après l'école. Je pratiquais toujours les deux en parallèle.

Le journaliste : Demain, vous avez une compétition de snowboard.

Laura : Oui, la technique est **10.**＿＿＿ difficile, mais la distance est **11.**＿＿＿ longue.

4 `2-73` 音源を聞いて、発音された方にチェックしよう。Écoutez et cochez ce que vous entendez.

1. ☐ 複合過去　☐ 半過去　　2. ☐ 複合過去　☐ 半過去
3. ☐ 複合過去　☐ 半過去　　4. ☐ 複合過去　☐ 半過去

スピーキング　En interaction

5 `2-74` 昔の自分の習慣についてペアで話そう。例の文章を、まず何度も繰り返そう。Parlez à deux sur vos habitudes passées. D'abord, répétez plusieurs fois les phrases de l'exemple.

Ex.) A : Quand tu étais lycéen(ne), qu'est-ce que tu faisais ?

　　B : J'allais souvent au karaoké avec mes amis. C'était amusant.（心理を表す形容詞は、p.92を参照）

aller au juku	faire du lacrosse	faire du kendo	jouer au violon	faire de la natation

リーディング　Compréhension écrite

6a スポーツ記事を読んで和訳しよう。Lisez l'article de sport et répondez aux questions en japonais.

Conseils des deux joueurs aux jeunes sportifs

«Soyez toujours passionnés par le jeu», conseille Michael Jordan aux jeunes basketteurs.

Le conseil de Kylian Mbappé : « J'ai commencé le foot à 4 ans. Ce n'est pas pour être une star. Je voulais être un très bon footballeur, partager ma joie de vivre et mon plaisir de jouer. Quand j'étais petit, les joueurs que j'admirais me communiquaient cette joie et ce plaisir. »

1. マイケル・ジョーダンはどういうアドバイスをしていますか？＿＿＿＿＿＿＿＿＿＿
2. キリアン・エムバペは何と言っていますか？＿＿＿＿＿＿＿＿＿＿

6b 日本に関するニュースの見出しです。どんな話題か当てよう。Regardez les titres et devinez en japonais quel est le sujet d'actualité.

1. La fin d'une ère : jour d'abdication pour l'empereur du Japon ＿＿＿＿＿＿＿＿＿＿
2. Le Japon invite les étrangers à combler sa pénurie de travailleurs. ＿＿＿＿＿＿＿＿＿＿
3. Au Japon, l'âge légal de la retraite pourrait être repoussé à 70 ans. ＿＿＿＿＿＿＿＿＿＿

ライティング　Production écrite

7 ローラにインタビューした記者になって、記事を書こう。Vous êtes le journaliste qui a interviewé Laura. Écrivez un article sur elle.

La victoire de Laura Trembley

1. 🔊 ✏️ 動詞 aller　[2-75]

動詞の活用を書いてみよう。Écrivez la conjugaison du verbe *aller* à l'imparfait.

不定詞 aller（行く）の半過去形の活用

j'	all**ais**	nous	
tu		vous	
il / elle / on		ils / elles	

半過去形の語幹は、直説法現在の1人称複数から -ons を省く。

aller → nous allons → <u>all-</u> が語幹

2. 🔊 ✏️ 動詞 avoir　[2-76]

動詞の活用を書いてみよう。Écrivez la conjugaison du verbe *avoir* à l'imparfait.

不定詞 avoir（持つ）の半過去形の活用

j'	avais	nous	
tu		vous	
il / elle / on		ils / elles	

「私は放課後、喫茶店に行く習慣があった。」
J'_____ l'habitude d'aller au café _____ les cours.

3. 🔊 ✏️ 動詞 être　[2-77]

動詞の活用を書いてみよう。Écrivez la conjugaison du verbe *être* à l'imparfait.

不定詞 être（いる、ある）の半過去形の活用

j'	étais	nous	
tu		vous	
il / elle / on		ils / elles	

être の半過去形の語幹は ét-（L.1-11）
「私たち on は昨日、札幌にいた」On _____ à Sapporo hier.

☆複合過去形 vs 半過去形

複合過去形 passé composé	行為 action	Qu'est-ce que tu as fait ? 何をした? - J'ai visité le bouddha de Kamakura.
半過去形 imparfait	状態 situation	C'était comment ? どうだった? C'était grand et impressionnant. Il y avait beaucoup de gens.

✏️ ① （　）の中の動詞を複合過去か半過去にして書こう。

Complétez avec le verbe au passé composé ou à l'imparfait.

1. L'année dernière, j'_____ le Mont Saint-Michel et j'_____ une omelette. C'_____ délicieux.
(visiter / manger / être)

2. Quand le téléphone _____, je _____.
(sonner / dormir)

---

4. 比較級

A+動詞+	plus aussi moins	+	形容詞 副詞	+que B	優等+ 同等= 劣等−

✏️ 書き入れよう。Complétez avec le comparatif.

1. 優等比較（A は B より〜である）A>B
   Naomi est _____ grande que Pauline.
2. 同等比較（A は B と同じ〜である）A=B
   Louis chante _____ bien que Shohei.
3. 劣等比較（A は B ほど〜ではない）A<B
   Stéphane est _____ intelligent que toi.

☆2つの過去形

下の図と「☆複合過去形 vs 半過去形」を見て、2つをどう使い分けるのか、近くの人に説明しよう。Expliquez à votre voisin comment s'emploient le passé composé et l'imparfait, en utilisant l'image et l'exemple ci-dessous.

行為 action（点的）

↓

------ _____ ------

状態 situation（線的）

【気づき】en même temps「同時に」
en parallèle「並行して」

おめでとう！＝＞Félicitations !
誕生日おめでとう！＝＞Bon anniversaire !
新年おめでとう！＝＞Bonne année !

5. 間接目的補語人称代名詞 COI

動詞の前に置く。

主語	je	tu	il	elle	nous	vous	ils	elles
	me (m')	te (t')	lui		nous	vous	leur	

Ex. Je dis "Merci" à vous. → Je vous dis "Merci".
→ <u>前置詞</u> をともなう目的語を置きかえている。
不定→ Je ne vous dis pas "Merci".

✏️ 下線部の語を置きかえる代名詞を書こう。

Complétez avec le complément d'objet indirect.
Tu téléphones <u>à moi</u> ?
→ _____ ?

6. 🔊 ✏️ 心理的状況を表す形容詞を覚えよう。　[2-78]

Expression de l'état psychique. Associez.

難しい	・	・ fatigant
興味深い、すばらしい	・	・ ennuyeux
退屈な、うんざりする	・	・ difficile
疲れさせる	・	・ facile
夢中にさせる	・	・ passionnant
簡単な	・	・ intéressant

Leçon 11

Ⅰ. 並び替えよう。 Mettez dans l'ordre.
1. 私達もう3年会ってないね。
（trois / qu'on / vus / ça / pas / ans / fait / ne / s'est）
→＿＿＿＿＿＿＿＿＿＿＿＿＿＿＿＿＿.

2. 私達どのくらい会わなかったかな？
（combien / s'est / vus / ça / pas / ne / fait / de / qu'on / temps）
→＿＿＿＿＿＿＿＿＿＿＿＿＿＿＿＿＿？

Ⅱ. 距離を書いてみよう。 Écrivez où se situent les villes.
Ex. Kamakura est situé à 50 km de Tokyo.
1. ボルドー〜パリ（590キロ）
→＿＿＿＿＿＿＿＿＿＿＿＿＿＿＿＿＿.
2. リヨン〜パリ（470キロ）
→＿＿＿＿＿＿＿＿＿＿＿＿＿＿＿＿＿.
3. 京都〜東京（460キロ）
→＿＿＿＿＿＿＿＿＿＿＿＿＿＿＿＿＿.

Ⅲ. 受動態（現在形）に書き換えよう。 Transformez en passif au présent.
1. On construit le temple.
→＿＿＿＿＿＿＿＿＿＿＿＿＿＿＿＿＿.
2. On construit cette église.
→＿＿＿＿＿＿＿＿＿＿＿＿＿＿＿＿＿.

Ⅳ. 受動態（複合過去形）に書き換えよう。 Transformez en passé composé du passif.
1. On a construit le temple.
→＿＿＿＿＿＿＿＿＿＿＿＿＿＿＿＿＿.
2. On a construit cette église.
→＿＿＿＿＿＿＿＿＿＿＿＿＿＿＿＿＿.
3. On a détruit ce temple.
→＿＿＿＿＿＿＿＿＿＿＿＿＿＿＿＿＿.

Ⅴ. 写真の建造物は何世紀に建設されましたか？ Écrivez quand cette tour et ce monument ont été construits.
Ex.

1.    2.

Ex. La tour Eiffel a été construite au XIXᵉ siècle.
1. Le Panthéon de Paris, le XVIIᵉ siècle
2. Le Parthénon, le Vᵉ siècle avant J.-C.

Leçon 12

Ⅰ. 原形と半過去形を結ぼう。 Associez l'infinitif et l'imparfait.
· il y avait
aller ·   · je faisais
faire ·   · j'allais
être ·   · j'avais
avoir ·   · j'étais
· c'était

Ⅱ. 半過去形に書き換えよう。 Mettez à l'imparfait.
Quand j'＿＿＿（ avoir ）10 ans, j'＿＿＿（ habiter ）
près de la mer. J'＿＿＿（ aller ）souvent à la mer.
Je＿＿＿＿（ sortir ）tous les jours avec des amis.
Je＿＿＿＿＿（ se coucher ）tôt le soir.

Ⅲ. 幼少期の習慣について書いてみよう。どの活動を、どの順序で、どのくらいの頻度で行っていましたか？ Racontez ce que vous faisiez pendant votre enfance. Qu'est-ce que vous faisiez, à quelle fréquence ?
se lever / manger / sortir / faire les devoirs / aller à l'école / se coucher
Quand j'avais 10 ans,＿＿＿＿＿＿＿＿
＿＿＿＿＿＿＿＿＿＿＿＿＿＿＿＿＿
＿＿＿＿＿＿＿＿＿＿＿＿＿＿＿＿＿

Ⅳ. 間接目的語人称代名詞を書きを入れよう。 Complétez.
1. Tu téléphones souvent à Cédric ?
– Oui, je ＿＿ téléphone tous les soirs.
2. Elle parle souvent à sa mère ?
– Oui, elle ＿＿ parle tous les jours.
3. Vous me donnez un cadeau ?
– Oui, je ＿＿ donne un cadeau.
4. Il te donne un cadeau ?
– Oui, il ＿＿ donne un cadeau.

Ⅴ. 並び替えよう。 Mettez dans l'ordre.
1. Tu téléphones souvent à Cédric ?
– Non, (souvent / lui / ne / pas / je / téléphone).
→＿＿＿＿＿＿＿＿＿＿＿＿＿＿＿.
2. Il parle souvent à sa mère ?
– Non, (parle / ne / souvent / pas / il / lui).
→＿＿＿＿＿＿＿＿＿＿＿＿＿＿＿.

Ⅵ. 複合過去形か半過去形を書き入れよう。 Passé composé ou imparfait ? Complétez.
1. Quand j'＿＿＿＿（ être ）petit, j'＿＿＿＿（ aller ） au cinéma tous les mois.
2. Elle ＿＿＿＿（ habiter ）à Paris pendant un an.
3. Il y ＿＿＿＿＿（ avoir ）un accident de voiture hier soir.
4. Je ＿＿＿＿＿＿（ regarder ）la télé quand le téléphone ＿＿＿＿＿（ sonner ）.
5. Hier, j'＿＿＿＿＿（ avoir ）mon cours de français à 9 heures.

Leçon 2-13 Le tenugui est plus pratique.

1a 2-79 会話を聞いて、シチュエーションはどちらか選ぼう。Écoutez le dialogue et choisissez la situation qui convient : « image gauche » ou « image droite »?

gauche

droite

1b (2-79) もう一度聞いて、対応するフランス語を書こう。Écoutez encore, choisissez et écrivez les phrases françaises qui correspondent au dialogue.

1_____( )

2_____( )

3_____( )

4_____( )

5_____( )

| Pour ma sœur. Tu as des idées ?

| Il y a beaucoup de monde dans la rue. | Les Mikado au matcha semblent les meilleurs.

| Les Mikado à la fraise, au chocolat ou au matcha, sont bons. | Tu cherches un cadeau pour qui ?

1c フランス語に対応する日本語を選び、( )にアルファベを書こう。Choisissez les phrases japonaises qui y correspondent et écrivez les lettres dans les endroits indiqués.

A：誰へのお土産を探してるの？　　　C：この通りは人がいっぱいだね。　　　E：抹茶のミカドいちばん美味しそう。

B：妹だよ。何かアイデアある？　　　D：ミカド＊のストロベリーかチョコか抹茶味が美味しいよ。

＊ミカド…フランスのチョコレート菓子

1d 答え合わせをし、シャドーイングをし、近くの人とロールプレイをしよう。Corrigez les réponses, faites le shadowing et jouez le dialogue avec vos camarades.

2a (2-79) 会話の続きを聞いて書こう。Écoutez la suite du dialogue, choisissez et écrivez les réponses.

6_____( )

7_____( )

8_____( )

| Je pense que le tenugui est plus pratique et l'éventail est moins original. Elle sera contente d'avoir un tenugui !

| Tiens, un yukata ? À mon avis, le yukata est plus joli que le jinbei.

| Ou alors... un tenugui ou un éventail ?

2b フランス語に対応する日本語を選び、( )にアルファベを書こう。Choisissez les phrases japonaises qui y correspondent et écrivez les lettres dans les endroits indiqués.

F：それとも…手ぬぐいか扇子？　　　H：ほら、浴衣は？ 私は、浴衣は甚平よりかわいいと思うよ。

G：手ぬぐいの方が使えて、扇子はありきたりかなって思う。
　　妹さん、手ぬぐいなら喜ぶはず！

2c 答え合わせをし、シャドーイングをし、近くの人とロールプレイをしよう。Corrigez les réponses, faites le shadowing et jouez le dialogue logue avec vos camarades.

2d フランスのお土産を表す言葉を選び、番号を書こう。
Voici petits cadeaux français. Associez les mots aux photos.

1　　　2　　　3　　　4

A. un béret basque ( )

B. des savons ( )

C. un coffret de chocolat ( )

D. une maquette de la Tour Eiffel ( )

リスニング　Compréhension orale

3 [2-80] 音源を聞いて空欄を埋め、ディクテをしよう。そのあとグループで演じてみよう。Faites la dictée. Ensuite jouez le dialogue avec des camarades.

Cédric　　: 1._____ beaucoup de monde dans la rue.

Anri　　　: Tu cherches un cadeau pour qui ?

Cédric　　: Pour ma sœur. Tu as des idées ?

Anri　　　: Les Mikado à la fraise, au chocolat ou au matcha, 2._____.

Cédric　　: Les Mikado au matcha semblent 3._____ meilleurs.

Anri　　　: Tiens, un yukata ? À, 4._____ , le yukata est 5._____ que le jinbei.

Cédric　　: Ou alors... un tenugui ou un éventail ?

Anri　　　: 6._____ que le tenugui est 7._____ et l'éventail est 8._____ original. Elle 9._____ contente d'avoir un tenugui !

4 [2-81] 音源を聞いて、発音されたものにチェックをしよう。Écoutez et cochez ce que vous entendez.

1. ☐ Le yukata est moins joli que le jinbei.　　☐ Le yukata est plus joli que le jinbei.　　☐ Le yukata est meilleur.
2. ☐ Le tenugui est plus joli.　　☐ Le tenugui est plus cher.　　☐ Le tenugui est plus pratique.
3. ☐ Les Mikado au matcha semblent les meilleurs.　　☐ Les Mikado au matcha semblent bons.

スピーキング　En interaction

5a どちらを選びますか？ グループで話し合い、例を参考に会話してみよう。Entraînez-vous avec vos camarades, en posant une question comme dans l'exemple.

Ex.）les Mikado à la fraise ou au matcha

A : Les Mikado à la fraise ou au matcha ?

B : Les Mikado au matcha semblent meilleurs.

1. les soba ou les ramen
2. le yukata ou le jinbei
3. le tenugui ou l'éventail

5b 外国人の友人にどんな日本のお土産を勧めますか？ グループでフランス語で話してみよう。Qu'est-ce que vous recommandez comme souvenir japonais à des connaissances étrangères? Discutez avec vos camarades en français.

リーディング　Compréhension écrite

6 日本のお土産に関する文章を読んで訳そう。Lisez les phrases sur les cadeaux-souveniers et traduisez en japonais.

Souvenirs du Japon

Les Japonais achètent souvent des cadeaux-souvenirs pour leur famille et leurs amis. Ils achètent des *wagashi* dans les pâtisseries traditionnelles. Les biscuits et les bonbons sont toujours de bons cadeaux. Ils aiment choisir parfois des objets artisanaux, des poupées en bois, des baguettes ou une boîte-repas. Le Japon est un grand pays du thé. Chacun peut trouver son bonheur.

ライティング　Production écrite

7 あなたはあんりです。ベルナールにメールを書いてみよう。甚平か浴衣を贈る予定で、どちらがいいか尋ね、また自分の考えも書こう。Vous êtes Anri. Écrivez un mail à Bernard. Demandez-lui s'il préfère les jinbei ou les yukata. Écrivez-lui aussi votre avis là-dessus.

Cher Bernard,

J'aimerais bien t'offrir un petit cadeau japonais.

Bises,

Anri

1. 🔊 2-82 動詞 être

動詞の活用を発音して覚えよう。Prononcez la conjugaison du verbe *être*, au futur simple.

不定詞 être（～である）の単純未来形の活用

je	serai	nous	serons
tu	seras	vous	serez
il/ elle/ on	sera	ils/ elles	seront

✎ フランス語で書いてみよう。Écrivez en français.

1. 彼は6時頃出発する partir だろう。

_____.

2. 僕は君のことを忘れないよ。

_____.

2. 最上級

定冠詞le la les	plus moins	＋形容詞	＋de	＋対象の範囲

✎ 最上級を書き入れよう。Complétez.

1. この浴衣がお店の中で一番高価だ。

Ce yukata est _____ de toute la boutique.

2. このレストランは町で一番まずい。

Ce restaurant est _____ de la ville.

☆自分の意見を言う

À mon avis：私の考えでは

Je pense que ...：私は～だと思う → penser ＋動詞不定詞（L.2-8）

sembler...：～のように思われる

✎ 書いてみよう。Écrivez en français.

1. 私の考えでは、このピンクの浴衣が最もかわいい。_____.

2. 彼女はこの浴衣を喜ぶと思う。_____.

3. このレストランは町で最も美味しいように思われる。_____.

4. 🔊 2-83 ✎ 動詞 chercher

動詞の活用を書いてみよう。Écrivez la conjugaison du verbe *chercher*.

不定詞 chercher（探す）の活用

je	cherche	nous	
tu		vous	
il/ elle/ on		ils/ elles	

✎ フランス語で書いてみよう。Écrivez en français.

何を探しているのですか？

ーメガネ des lunettes を探しています。

_____?

_____.

☆比較してみよう。Comparez.

-Tu as une idée.

-Tu as des idées.

✎ 1 比較級を書き入れよう。Complétez avec le comparatif.

→比較級（L.2-12）

1. この赤い浴衣はこの青い浴衣よりきれいだ。

Ce yukata rouge est _____ ce yukata bleu.

2. 抹茶味のお菓子は苺味のお菓子と同じくらい美味しい。

Les gâteaux au matcha sont _____ les gâteaux à la fraise .

3. このパンはそちらよりも美味しくない。

Ce pain-ci est _____ ce pain-là.

3. 特殊な比較級・最上級

bon(ne)(s) → meilleur(e)(s)

bien → meiux

✎ 書き入れよう。Complétez.

1. このコーヒーはそちらよりも美味しい。

Ce café-ci est _____ que ce café-là.

2. このアイスは東京で最も美味しい。

Cette glace est _____ de Tokyo.

3. マリアはミシェルよりうまく歌う。

Maria chante _____ que Michel.

☆表現を覚えよう

✎ 左と右を結ぼう。Associez.

「～に満足する」	・	・ être ravi(e) de ...
「～して幸せだ」	・	・ être heureux(se) de ...
「～してとてもうれしい」	・	・ être content(e) de ...

「私は君に会えてうれしい」を3通りの表現で言ってみよう。Utilisez les trois expressions.

Je pense que ce serait bien.

1a 2-84 会話を聞いて、シチュエーションはどちらか選ぼう。Écoutez le dialogue et choisissez la situation qui convient « image gauche » ou « image droite » ?

gauche

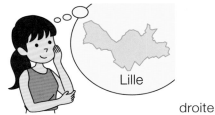

droite

1b (2-84) もう一度聞いて、対応するフランス語を書こう。Écoutez encore, choisissez et écrivez les phrases françaises qui correspondent au dialogue.

1_____ (   )

2_____ (   )

3_____ (   )

4_____ (   )

| Je pense que ce serait bien, si tu pouvais trouver une bourse. | Tu devrais revenir en France.

| Tu vas me manquer, Cédric. | Qu'est-ce que tu penses d'un séjour linguistique en mars prochain à Lyon ?

1c フランス語に対応する日本語を選び、（　）にアルファベを書こう。Choisissez les phrases japonaises qui y correspondent et écrivez les lettres dans les endroits indiqués.

A：フランスにきっとまた来てよ。　　　　　　　　C：もし君が奨学金をもらえたらいいのになあと思う。

B：今度の3月のリヨンの語学研修のこと、どう思う？　　D：寂しくなるわ、セドリック。

1d 答え合わせをし、シャドーイングをし、近くの人とロールプレイをしよう。Corrigez les réponses, faites le shadowing et jouez le dialogue avec vos camarades.

2a (2-84) 会話の続きを聞いて書こう。Écoutez la suite du dialogue, choisissez et écrivez les réponses.

5_____ (   )

6_____ (   )

7_____ (   )

| Tu viendras me chercher à l'aéroport Charles-De-Gaulle ? | C'est vrai.　Au revoir et à bientôt !

| Bien sûr.　Tu sais, le Japon et la France ne sont pas si loin quand on chatte.

2b フランス語に対応する日本語を選び、（ ）にアルファベを書こう。Choisissez les phrases japonaises qui y correspondent et écrivez les lettres dans les endroits indiqués.

E：確かにそうね。さようなら、そしてまたね！　　G：もちろん。あのさ、チャットしていれば日本とフランスはそんなに遠くないんだよ。

F：シャルルドゴール空港まで迎えに来てくれる？

2c 答え合わせをし、シャドーイングをし、近くの人とロールプレイをしよう。Corrigez les réponses, faites le shadowing et jouez le dialogue avec vos camarades.

2d これは、人気の語学研修先トップ5です。フランスの地図でこれらの都市を探し、ランキングの番号を書き入れよう。Voici le top 5 des meilleures villes étudiantes. Cherchez ces villes sur la carte de France et écrivez leur chiffre de classement. Puis, vous choisissez quelle ville pour vos études ? Pourquoi ?

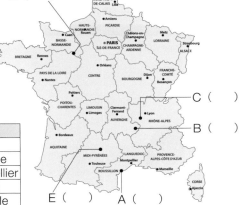

classment	Ville
1	Lyon
2	Toulouse
3	Montpellier
4	Rennes
5	Grenoble

リスニング　Compréhension orale

3 2-85 音源を聞いて空欄を埋め、ディクテをしよう。そのあとグループで演じてみよう。Faites la dictée. Ensuite jouez le dialogue avec des camarades.

Anri : Tu vas 1._____, Cédric.

Cédric : 2._____ revenir en France.

Anri : Qu'est-ce que 3._____ d'un séjour linguistique en mars prochain à Lyon ?

Cédric : Je pense que 4._____ bien, si 5._____ trouver une bourse.

Anri : 6._____ me chercher à l'aéroport Charles-De-Gaulle ?

Cédric : Bien sûr. Tu sais, le Japon et la France ne sont pas 7._____ quand on chatte.

Anri : C'est vrai. Au revoir et à bientôt !

4 2-86 音源を聞いて、発音されたものにチェックをしよう。Écoutez et cochez ce que vous entendez.

1. ☐ Il faut revenir en France.　　☐ Tu dois revenir en France.　　☐ Tu devrais revenir en France.

2. ☐ Tu me manques.　　☐ Tu vas me manquer.　　☐ Tu me manqueras.

3. ☐ Tu peux venir me chercher à l'aéroport ?　　☐ Tu viendras me chercher à l'aéroport ?

スピーキング　En interaction

5 99ページの文法 4.を終えたら、以下のようにペアで話そう。Avec un voisin, faites un dialogue (voir l'exercice 4 de la page suivante).

Ex.) A: Si tu avais de l'argent, qu'est-ce que tu achèterais ?

　　　B: Si j'avais de l'argent _____.

A: Si tu avais du temps, où est-ce que tu irais ?

B: Si j'avais du temps, _____.

リーディング　Compréhension écrite

6 次の文を読んで、下の問いに答えてみよう。Lisez et cochez la bonne réponse.

Pensez-vous à aller en France ?

Commencez-vous les préparatifs pour étudier dans une université française ou un institut d'enseignement supérieur en France ? Vous recherchez peut-être une aide financière, une bourse d'études. Le Ministère des Affaires étrangères de la France accorde une bourse pour le financement de votre projet d'études. Renseignez-vous auprès du service culturel à l'ambassade de France, et de l'espace Campus France de votre pays.

1. Vous pouvez avoir　　☐ un logement.　　☐ une bourse.　　☐ un visa.

2. Pour avoir plus d'informations, vous pouvez vous renseigner　　☐ à votre université.　☐ à l'espace Campus France.

ライティング　Production écrite

7 あなたはあんりです。セドリックにメールを書いてみよう。別れた後です。Vous êtes Anri. Écrivez un mail à Cédric juste après avoir dit au revoir.

Cher Cédric,

Bises,
Anri

1. 🎧 動詞 devoir

動詞の活用を発音して覚えよう。Prononcez la conjugaison du verbe *devoir* au conditionnel présent.
不定詞 devoir（～しなければならない）の条件法現在形の活用

je	dev**rais**	nous	dev**rions**
tu	dev**rais**	vous	dev**riez**
il/elle/on	dev**rait**	ils/elles	dev**raient**

→条件法現在（L.1-13）

✏️ 書き入れよう。Complétez.
1. Tu _____ te reposer.
2. Vous _____ partir.

3. 🎧 動詞 être

動詞の活用を発音して覚えよう。Prononcez la conjugaison du verbe *être* au conditionnel présent.
不定詞 être の条件法現在形の活用

je	se**rais**	nous	se**rions**
tu	se**rais**	vous	se**riez**
il/elle/on	se**rait**	ils/elles	se**raient**

6. manquer à ... 「～が恋しい、寂しい」

Tu me manques. 「君が恋しい。」
Tu vas me manquer. 「君が恋しくなる。」
Paris me manque. 「パリが恋しい。」
不在の人・ものを主語に置く。

✏️ 書き入れよう。Complétez.
フランスが恋しい。
La France _____ .

7. penser à ... 「～を思う、考える」

✏️ 書いてみよう。Écrivez en français.
1. 健康を考えなさい。
_____.
2. 旅に出ようかな。
_____.

2. 🎧✏️ 動詞 pouvoir

動詞の活用を書いてみよう。Écrivez la conjugaison du verbe *pouvoir*, à l'imparfait.
不定詞 pouvoir（～することができる）の半過去形の活用

je	pouv**ais**	nous	
tu		vous	
il/elle/on		ils/elles	

→半過去（L.1-11）

4. 🎧✏️ 動詞 aller

動詞の活用を書いてみよう。Écrivez la conjugaison du verbe *aller*, au conditionnel présent.
不定詞 aller（行く）の条件法現在形の活用

j'	**irais**	nous	
tu		vous	
il/elle/on		ils/elles	

5. 現在の事実に反する仮定

従属節	主節
Si + 直説法半過去	条件法現在
Si tu **pouvais** trouver une bourse,	ce **serait** bien.
もし君が奨学金をもらえたら、	いいのになあ。

✏️ 書き入れよう。Complétez.
1. もし彼女が奨学金をもらえたら、いいのになあ。
   Si elle _____ avoir une bourse, ce _____ bien.
2. もし彼が日本に残れたら、彼女は満足するのに。
   S'il _____ rester au Japon, elle en _____ contente.

比較してみよう。Comparez.
-Si j'ai le temps, j'irai au cinéma.
-Si, j'avais le temps, j'irais au cinéma.

8. pas si... 「そんなに～ではない」

✏️ 書き入れよう。Complétez.
1. 彼はそんなに背が低くない。
   Il n'est _____ petit.
2. DELF の A1受験した。そんなに難しくなかった。
   J'ai passé l'examen DELF A1. Ce n'était _____ difficile.

比較してみよう。Comparez.
-Paris n'est pas très loin.
-Paris n'est pas si loin.

Leçon13

Ⅰ．次の二つを比較してみよう。plus, moins, aussi を使おう。形容詞は、sucré, salé, piquent, acide, bon, pratique, facile などを使おう。Comparez les deux en utilisant un adjectif.

1. le café vs le chocolat
   -Le café est _____ que le chocolat.
2. L'ananas vs la pomme
   -L'ananas est _____ que la pomme.
3. La voiture vs le vélo
   - La voiture est _____ que le vélo.
4. Les mathématiques vs la littérature
   - Les mathématiques sont _____ que la littérature.

Ⅱ．次の動詞を単純未来形にしよう。Mettez le verbe au futur simple.

1. Je (être) _____ ravie de vous rencontrer.
2. Vous (être) _____ content de vous !

Ⅲ．次のクリスマスプレゼントのうち、あなたが友達に贈りたいのは2つのうちどちらでしょう？　4つのなかから一番贈りたいのはどのプレゼントですか？　その理由を à mon avis あるいは je pense que を使ってフランス語で書こう。Quel cadeau voulez-vous offrir à votre ami(e) ? Choisissez d'abord entre les deux propositions, ensuite, choisissez le meilleur cadeau parmi les quatre, enfin écrivez la raison de votre choix.

1.

terrarium　　　　　thermomètre

J'aime mieux _____

2.

carte du monde en métal　　fleurs séchées

J'aime mieux _____.
一番好き：_____.
Je pense que _____.
_____.

Ⅳ．次の文を日本語に訳そう。フランスの観光減少の原因を考えてみよう。Traduisez en japonais. Quels sont des raisons de la diminution du tourisme d'après vous ?

Le secteur du tourisme français se porte moins bien qu'avant. La plupart des Français pensent, d'abord, à l'insécurité provoquée par les attentats et le terrorisme. Le nombre d'attaques accroît en effet depuis 2015. Les Français citent, ensuite, les grèves et les manifestations. Ils évoquent enfin les prix de l'hébergement, des restaurants et des sites touristiques.

Leçon14

Ⅰ．（　　）の中の語を正しい語順に並べ替えて、和訳しよう。Mettez dans l'ordre et traduisez.

1. (cinq / devrait / se lever / il / heures / à).
   → _____.
   _____
2. (viendrai / manques, / quand / me / je / te voir / tu) .
   → _____ .
   _____
3. (irait / faisait / s'il / beau / demain, / on / à la mer) .
   → _____ .
   _____

Ⅱ．動詞 acheter の条件法現在形の活用を書こう。Écrivez la conjugaison du verbe *acheter* au mode conditionnel présent.

j'achète**rais**	nous
tu	vous
il / elle / on	ils / elles

Ⅲ．[ ] の中の語を条件法現在形に活用させて書こう。Conjuguez le verbe au mode conditionnel présent.

1. Si j'étais riche, _____ une grande maison. [acheter]
2. Si j'avais le temps, _____ étudier en Angleterre. [aller]
3. Si tu avais des questions, tu _____ demander aux camarades ! [devoir]

Ⅳ．動詞 avoir の 単純未来形の活用を書こう。Écrivez la conjugaison du verbe *avoir* au futur simple.

j'au**rai**	nous
tu	vous
il / elle / on	ils / elles

Ⅴ．[ ] の中の語を単純未来形に活用させて書こう。Conjuguez le verbe au futur simple.

1. Si j'ai le temps, j' _____ au cinéma. [aller]
2. Il y _____ une fête le mois prochain à Nouméa. [avoir]
3. Vous _____ me chercher à la gare d'Hakata ? [venir]

Ⅵ． 🎧 3-14 次の文の音源を聞き、フランス語で書こう。Dictée.

パリが恋しい。もしお金があったら、来月もう一度行くのに。語学研修のことを考えないといけないなあ。明日、大学の語学センターに行こうかな。パリはそんなに遠くないんだ！

_____
_____
_____
_____
_____

動 詞 変 化 表

I. aimer
II. arriver

III. être aimé(e)(s)
IV. se lever

1. avoir
2. être
3. parler
4. placer
5. manger
6. acheter
7. appeler
8. préférer
9. employer
10. envoyer
11. aller
12. finir
13. partir
14. courir
15. fuir
16. mourir

17. venir
18. ouvrir
19. rendre
20. mettre
21. battre
22. suivre
23. vivre
24. écrire
25. connaître
26. naître
27. conduire
28. suffire
29. lire
30. plaire
31. dire
32. faire

33. rire
34. croire
35. craindre
36. prendre
37. boire
38. voir
39. asseoir
40. recevoir
41. devoir
42. pouvoir
43. vouloir
44. savoir
45. valoir
46. falloir
47. pleuvoir

不定形・分詞形	直　　説　　法		

I. aimer
aimant
aimé
ayant aimé
（助動詞　avoir）

	現　　　在	半　過　去	単　純　過　去
	j' aime	j' aimais	j' aimai
	tu aimes	tu aimais	tu aimas
	il aime	il aimait	il aima
	nous aimons	nous aimions	nous aimâmes
	vous aimez	vous aimiez	vous aimâtes
	ils aiment	ils aimaient	ils aimèrent

命　令　法	複　合　過　去	大　過　去	前　過　去
	j' ai aimé	j' avais aimé	j' eus aimé
aime	tu as aimé	tu avais aimé	tu eus aimé
	il a aimé	il avait aimé	il eut aimé
aimons	nous avons aimé	nous avions aimé	nous eûmes aimé
aimez	vous avez aimé	vous aviez aimé	vous eûtes aimé
	ils ont aimé	ils avaient aimé	ils eurent aimé

II. arriver
arrivant
arrivé
étant arrivé(e)(s)
（助動詞　être）

	複　合　過　去	大　過　去	前　過　去
	je suis arrivé(e)	j' étais arrivé(e)	je fus arrivé(e)
	tu es arrivé(e)	tu étais arrivé(e)	tu fus arrivé(e)
	il est arrivé	il était arrivé	il fut arrivé
	elle est arrivée	elle était arrivée	elle fut arrivée
	nous sommes arrivé(e)s	nous étions arrivé(e)s	nous fûmes arrivé(e)s
	vous êtes arrivé(e)(s)	vous étiez arrivé(e)(s)	vous fûtes arrivé(e)(s)
	ils sont arrivés	ils étaient arrivés	ils furent arrivés
	elles sont arrivées	elles étaient arrivées	elles furent arrivées

III. être aimé(e)(s)
受動態
étant aimé(e)(s)
ayant été aimé(e)(s)

	現　　　在	半　過　去	単　純　過　去
	je suis aimé(e)	j' étais aimé(e)	je fus aimé(e)
	tu es aimé(e)	tu étais aimé(e)	tu fus aimé(e)
	il est aimé	il était aimé	il fut aimé
	elle est aimée	elle était aimée	elle fut aimé e
	n. sommes aimé(e)s	n. étions aimé(e)s	n. fûmes aimé(e)s
	v. êtes aimé(e)(s)	v. étiez aimé(e)(s)	v. fûtes aimé(e)(s)
	ils sont aimés	ils étaient aimés	ils furent aimés
	elles sont aimées	elles étaient aimées	elles furent aimées

命　令　法	複　合　過　去	大　過　去	前　過　去
sois aimé(e)	j' ai été aimé(e)	j' avais été aimé(e)	j' eus été aimé(e)
	tu as été aimé(e)	tu avais été aimé(e)	tu eus été aimé(e)
	il a été aimé	il avait été aimé	il eut été aimé
soyons aimé(e)s	elle a été aimée	elle avait été aimée	elle eut été aimée
soyez aimé(e)(s)	n. avons été aimé(e)s	n. avions été aimé(e)s	n. eûmes été aimé(e)s
	v. avez été aimé(e)(s)	v. aviez été aimé(e)(s)	v. eûtes été aimé(e)(s)
	ils ont été aimés	ils avaient été aimés	ils eurent été aimés
	elles ont été aimées	elles avaient été aimées	elles eurent été aimées

IV. se lever
代名動詞
se levant
s'étant levé(e)(s)

	現　　　在	半　過　去	単　純　過　去
	je me lève	je me levais	je me levai
	tu te lèves	tu te levais	tu te levas
	il se lève	il se levait	il se leva
	n. n. levons	n. n. levions	n. n. levâmes
	v. v. levez	v. v. leviez	v. v. levâtes
	ils se lèvent	ils se levaient	ils se levèrent

命　令　法	複　合　過　去	大　過　去	前　過　去
lève-toi	je me suis levé(e)	j' m' étais levé(e)	je me fus levé(e)
	tu t' es levé(e)	tu t' étais levé(e)	tu te fus levé(e)
	il s' est levé	il s' était levé	il se fut levé
levons-nous	elle s' est levée	elle s' était levée	elle se fut levée
levez-vous	n. n. sommes levé(e)s	n. n. étions levé(e)s	n. n. fûmes levé(e)s
	v. v. êtes levé(e)(s)	v. v. étiez levé(e)(s)	v. v. fûtes levé(e)(s)
	ils se sont levés	ils s' étaient levés	ils se furent levés
	elles se sont levées	elles s' étaient levées	elles se furent levées

直　説　法	条　件　法	接　続　法	
単　純　未　来	**現　在**	**現　在**	**半　過　去**
j'　aimerai tu　aimeras il　aimera nous　aimerons vous　aimerez ils　aimeront	j'　aimerais tu　aimerais il　aimerait nous　aimerions vous　aimeriez ils　aimeraient	j'　aime tu　aimes il　aime nous　aimions vous　aimiez ils　aiment	j'　aimasse tu　aimasses il　aimât nous　aimassions vous　aimassiez ils　aimassent
前　未　来	**過　去**	**過　去**	**大　過　去**
j'　aurai　aimé tu　auras　aimé il　aura　aimé nous　aurons　aimé vous　aurez　aimé ils　auront　aimé	j'　aurais　aimé tu　aurais　aimé il　aurait　aimé nous　aurions　aimé vous　auriez　aimé ils　auraient　aimé	j'　aie　aimé tu　aies　aimé il　ait　aimé nous　ayons　aimé vous　ayez　aimé ils　aient　aimé	j'　eusse　aimé tu　eusses　aimé il　eût　aimé nous　eussions　aimé vous　eussiez　aimé ils　eussent　aimé
前　未　来	**過　去**	**過　去**	**大　過　去**
je　serai　arrivé(e) tu　seras　arrivé(e) il　sera　arrivé elle　sera　arrivée nous　serons　arrivé(e)s vous　serez　arrivé(e)(s) ils　seront　arrivés elles　seront　arrivées	je　serais　arrivé(e) tu　serais　arrivé(e) il　serait　arrivé elle　serait　arrivée nous　serions　arrivé(e)s vous　seriez　arrivé(e)(s) ils　seraient　arrivés elles　seraient　arrivées	je　sois　arrivé(e) tu　sois　arrivé(e) il　soit　arrivé elle　soit　arrivée nous　soyons　arrivé(e)s vous　soyez　arrivé(e)(s) ils　soient　arrivés elles　soient　arrivées	je　fusse　arrivé(e) tu　fusses　arrivé(e) il　fût　arrivé elle　fût　arrivée nous　fussions　arrivé(e)s vous　fussiez　arrivé(e)(s) ils　fussent　arrivés elles　fussent　arrivées
単　純　未　来	**現　在**	**現　在**	**半　過　去**
je　serai　aimé(e) tu　seras　aimé(e) il　sera　aimé elle　sera　aimée n.　serons　aimé(e)s v.　serez　aimé(e)(s) ils　seront　aimés elles　seront　aimées	je　serais　aimé(e) tu　serais　aimé(e) il　serait　aimé elle　serait　aimée n.　serions　aimé(e)s v.　seriez　aimé(e)(s) ils　seraient　aimés elles　seraient　aimées	je　sois　aimé(e) tu　sois　aimé(e) il　soit　aimé elle　soit　aimée n.　soyons　aimé(e)s v.　soyez　aimé(e)(s) ils　soient　aimés elles　soient　aimées	je　fusse　aimé(e) tu　fusses　aimé(e) il　fût　aimé elle　fût　aimée n.　fussions　aimé(e)s v.　fussiez　aimé(e)(s) ils　fussent　aimés elles　fussent　aimées
前　未　来	**過　去**	**過　去**	**大　過　去**
j'　aurai　été　aimé(e) tu　auras　été　aimé(e) il　aura　été　aimé elle　aura　été　aimée n.　aurons　été　aimé(e)s v.　aurez　été　aimé(e)(s) ils　auront　été　aimés elles　auront　été　aimées	j'　aurais　été　aimé(e) tu　aurais　été　aimé(e) il　aurait　été　aimé elle　aurait　été　aimée n.　aurions　été　aimé(e)s v.　auriez　été　aimé(e)(s) ils　auraient　été　aimés elles　auraient　été　aimées	j'　aie　été　aimé(e) tu　aies　été　aimé(e) il　ait　été　aimé elle　ait　été　aimée n.　ayons　été　aimé(e)s v.　ayez　été　aimé(e)(s) ils　aient　été　aimés elles　aient　été　aimées	j'　eusse　été　aimé(e) tu　eusses　été　aimé(e) il　eût　été　aimé elle　eût　été　aimée n.　eussions　été　aimé(e)s v.　eussiez　été　aimé(e)(s) ils　eussent　été　aimés elles　eussent　été　aimées
単　純　未　来	**現　在**	**現　在**	**半　過　去**
je　me　lèverai tu　te　lèveras il　se　lèvera n.　n.　lèverons v.　v.　lèverez ils　se　lèveront	je　me　lèverais tu　te　lèverais il　se　lèverait n.　n.　lèverions v.　v.　lèveriez ils　se　lèveraient	je　me　lève tu　te　lèves il　se　lève n.　n.　levions v.　v.　leviez ils　se　lèvent	je　me　levasse tu　te　levasses il　se　levât n.　n.　levassions v.　v.　levassiez ils　se　levassent
前　未　来	**過　去**	**過　去**	**大　過　去**
je　me　serai　levé(e) tu　te　seras　levé(e) il　se　sera　levé elle　se　sera　levée n.　n.　serons　levé(e)s v.　v.　serez　levé(e)(s) ils　se　seront　levés elles　se　seront　levées	je　me　serais　levé(e) tu　te　serais　levé(e) il　se　serait　levé elle　se　serait　levée n.　n.　serions　levé(e)s v.　v.　seriez　levé(e)(s) ils　se　seraient　levés elles　se　seraient　levées	je　me　sois　levé(e) tu　te　sois　levé(e) il　se　soit　levé elle　se　soit　levée n.　n.　soyons　levé(e)s v.　v.　soyez　levé(e)(s) ils　se　soient　levés elles　se　soient　levées	je　me　fusse　levé(e) tu　te　fusses　levé(e) il　se　fût　levé elle　se　fût　levée n.　n.　fussions　levé(e)s v.　v.　fussiez　levé(e)(s) ils　se　fussent　levés elles　se　fussent　levées

不 定 形 分 詞 形	直 説 法			
	現　　在	半　過　去	単 純 過 去	単 純 未 来
1. avoir もつ ayant eu [y]	j' ai tu as il a n. avons v. avez ils ont	j' avais tu avais il avait n. avions v. aviez ils avaient	j' eus [y] tu eus il eut n. eûmes v. eûtes ils eurent	j' aurai tu auras il aura n. aurons v. aurez ils auront
2. être 在る étant été	je suis tu es il est n. sommes v. êtes ils sont	j' étais tu étais il était n. étions v. étiez ils étaient	je fus tu fus il fut n. fûmes v. fûtes ils furent	je serai tu seras il sera n. serons v. serez ils seront
3. parler 話す parlant parlé	je parle tu parles il parle n. parlons v. parlez ils parlent	je parlais tu parlais il parlait n. parlions v. parliez ils parlaient	je parlai tu parlas il parla n. parlâmes v. parlâtes ils parlèrent	je parlerai tu parleras il parlera n. parlerons v. parlerez ils parleront
4. placer 置く plaçant placé	je place tu places il place n. plaçons v. placez ils placent	je plaçais tu plaçais il plaçait n. placions v. placiez ils plaçaient	je plaçai tu plaças il plaça n. plaçâmes v. plaçâtes ils placèrent	je placerai tu placeras il placera n. placerons v. placerez ils placeront
5. manger 食べる mangeant mangé	je mange tu manges il mange n. mangeons v. mangez ils mangent	je mangeais tu mangeais il mangeait n. mangions v. mangiez ils mangeaient	je mangeai tu mangeas il mangea n. mangeâmes v. mangeâtes ils mangèrent	je mangerai tu mangeras il mangera n. mangerons v. mangerez ils mangeront
6. acheter 買う achetant acheté	j' achète tu achètes il achète n. achetons v. achetez ils achètent	j' achetais tu achetais il achetait n. achetions v. achetiez ils achetaient	j' achetai tu achetas il acheta n. achetâmes v. achetâtes ils achetèrent	j' achèterai tu achèteras il achètera n. achèterons v. achèterez ils achèteront
7. appeler 呼ぶ appelant appelé	j' appelle tu appelles il appelle n. appelons v. appelez ils appellent	j' appelais tu appelais il appelait n. appelions v. appeliez ils appelaient	j' appelai tu appelas il appela n. appelâmes v. appelâtes ils appelèrent	j' appellerai tu appelleras il appellera n. appellerons v. appellerez ils appelleront
8. préférer より好む préférant préféré	je préfère tu préfères il préfère n. préférons v. préférez ils préfèrent	je préférais tu préférais il préférait n. préférions v. préfériez ils préféraient	je préférai tu préféras il préféra n. préférâmes v. préférâtes ils préférèrent	je préférerai tu préféreras il préférera n. préférerons v. préférerez ils préféreront

条件法	接続法		命令法	同型活用の動詞 （注意）
現　在	現　在	半　過　去	現　在	
j'　aurais tu　aurais il　aurait n.　aurions v.　auriez ils　auraient	j'　aie tu　aies il　ait n.　ayons v.　ayez ils　aient	j'　eusse tu　eusses il　eût n.　eussions v.　eussiez ils　eussent	aie ayons ayez	
je　serais tu　serais il　serait n.　serions v.　seriez ils　seraient	je　sois tu　sois il　soit n.　soyons v.　soyez ils　soient	je　fusse tu　fusses il　fût n.　fussions v.　fussiez ils　fussent	sois soyons soyez	
je　parlerais tu　parlerais il　parlerait n.　parlerions v.　parleriez ils　parleraient	je　parle tu　parles il　parle n.　parlions v.　parliez ils　parlent	je　parlasse tu　parlasses il　parlât n.　parlassions v.　parlassiez ils　parlassent	parle parlons parlez	第1群規則動詞 （4型～10型をのぞく）
je　placerais tu　placerais il　placerait n.　placerions v.　placeriez ils　placeraient	je　place tu　places il　place n.　placions v.　placiez ils　placent	je　plaçasse tu　plaçasses il　plaçât n.　plaçassions v.　plaçassiez ils　plaçassent	place plaçons placez	—cer の動詞 annoncer, avancer, commencer, effacer, renoncer など. （a, o の前で c → ç）
je　mangerais tu　mangerais il　mangerait n.　mangerions v.　mangeriez ils　mangeraient	je　mange tu　manges il　mange n.　mangions v.　mangiez ils　mangent	je　mangeasse tu　mangeasses il　mangeât n.　mangeassions v.　mangeassiez ils　mangeassent	mange mangeons mangez	—ger の動詞 arranger, changer, charger, engager, nager, obliger など. （a, o の前で g → ge）
j'　achèterais tu　achèterais il　achèterait n.　achèterions v.　achèteriez ils　achèteraient	j'　achète tu　achètes il　achète n.　achetions v.　achetiez ils　achètent	j'　achetasse tu　achetasses il　achetât n.　achetassions v.　achetassiez ils　achetassent	achète achetons achetez	—e＋子音＋er の動詞 achever, lever, mener など. （7型をのぞく. e muet を 含む音節の前で e → è）
j'　appellerais tu　appellerais il　appellerait n.　appellerions v.　appelleriez ils　appelleraient	j'　appelle tu　appelles il　appelle n.　appelions v.　appeliez ils　appellent	j'　appelasse tu　appelasses il　appelât n.　appelassions v.　appelassiez ils　appelassent	appelle appelons appelez	—eter, —eler の動詞 jeter, rappeler など. （6型のものもある. e muet の前で t, l を重ね る）
je　préférerais tu　préférerais il　préférerait n.　préférerions v.　préféreriez ils　préféreraient	je　préfère tu　préfères il　préfère n.　préférions v.　préfériez ils　préfèrent	je　préférasse tu　préférasses il　préférât n.　préférassions v.　préférassiez ils　préférassent	préfère préférons préférez	—é＋子音＋er の動詞 céder, espérer, opérer, répéter など. （e muet を含む語末音節 の前で é → è）

不 定 形 分 詞 形	直　　　説　　　法			
	現　　在	半　過　去	単　純　過　去	単　純　未　来
9. employer 使う employant employé	j'　emploie tu　emploies il　emploie n.　employons v.　employez ils　emploient	j'　employais tu　employais il　employait n.　employions v.　employiez ils　employaient	j'　employai tu　employas il　employa n.　employâmes v.　employâtes ils　employèrent	j'　emploierai tu　emploieras il　emploiera n.　emploierons v.　emploierez ils　emploieront
10. envoyer 送る envoyant envoyé	j'　envoie tu　envoies il　envoie n.　envoyons v.　envoyez ils　envoient	j'　envoyais tu　envoyais il　envoyait n.　envoyions v.　envoyiez ils　envoyaient	j'　envoyai tu　envoyas il　envoya n.　envoyâmes v.　envoyâtes ils　envoyèrent	j'　enverrai tu　enverras il　enverra n.　enverrons v.　enverrez ils　enverront
11. aller 行く allant allé	je　vais tu　vas il　va n.　allons v.　allez ils　vont	j'　allais tu　allais il　allait n.　allions v.　alliez ils　allaient	j'　allai tu　allas il　alla n.　allâmes v.　allâtes ils　allèrent	j'　irai tu　iras il　ira n.　irons v.　irez ils　iront
12. finir 終える finissant fini	je　finis tu　finis il　finit n.　finissons v.　finissez ils　finissent	je　finissais tu　finissais il　finissait n.　finissions v.　finissiez ils　finissaient	je　finis tu　finis il　finit n.　finîmes v.　finîtes ils　finirent	je　finirai tu　finiras il　finira n.　finirons v.　finirez ils　finiront
13. partir 出発する partant parti	je　pars tu　pars il　part n.　partons v.　partez ils　partent	je　partais tu　partais il　partait n.　partions v.　partiez ils　partaient	je　partis tu　partis il　partit n.　partîmes v.　partîtes ils　partirent	je　partirai tu　partiras il　partira n.　partirons v.　partirez ils　partiront
14. courir 走る courant couru	je　cours tu　cours il　court n.　courons v.　courez ils　courent	je　courais tu　courais il　courait n.　courions v.　couriez ils　couraient	je　courus tu　courus il　courut n.　courûmes v.　courûtes ils　coururent	je　courrai tu　courras il　courra n.　courrons v.　courrez ils　courront
15. fuir 逃げる fuyant fui	je　fuis tu　fuis il　fuit n.　fuyons v.　fuyez ils　fuient	je　fuyais tu　fuyais il　fuyait n.　fuyions v.　fuyiez ils　fuyaient	je　fuis tu　fuis il　fuit n.　fuîmes v.　fuîtes ils　fuirent	je　fuirai tu　fuiras il　fuira n.　fuirons v.　fuirez ils　fuiront
16. mourir 死ぬ mourant mort	je　meurs tu　meurs il　meurt n.　mourons v.　mourez ils　meurent	je　mourais tu　mourais il　mourait n.　mourions v.　mouriez ils　mouraient	je　mourus tu　mourus il　mourut n.　mourûmes v.　mourûtes ils　moururent	je　mourrai tu　mourras il　mourra n.　mourrons v.　mourrez ils　mourront

条 件 法	接 続 法		命 令 法	同型活用の動詞 (注意)
現 在	現 在	半 過 去	現 在	
j' emploierais tu emploierais il emploierait n. emploierions v. emploieriez ils emploieraient	j' emploie tu emploies il emploie n. employions v. employiez ils emploient	j' employasse tu employasses il employât n. employassions v. employassiez ils employassent	emploie employons employez	—oyer, —uyer, —ayer の動詞 (e muet の前で y → i. —ayer は 3 型でもよい. また envoyer → 10)
j' enverrais tu enverrais il enverrait n. enverrions v. enverriez ils enverraient	j' envoie tu envoies il envoie n. envoyions v. envoyiez ils envoient	j' envoyasse tu envoyasses il envoyât n. envoyassions v. envoyassiez ils envoyassent	envoie envoyons envoyez	renvoyer (未来, 条・現のみ 9 型と ことなる)
j' irais tu irais il irait n. irions v. iriez ils iraient	j' aille tu ailles il aille n. allions v. alliez ils aillent	j' allasse tu allasses il allât n. allassions v. allassiez ils allassent	va allons allez	
je finirais tu finirais il finirait n. finirions v. finiriez ils finiraient	je finisse tu finisses il finisse n. finissions v. finissiez ils finissent	je finisse tu finisses il finît n. finissions v. finissiez ils finissent	finis finissons finissez	第 2 群規則動詞
je partirais tu partirais il partirait n. partirions v. partiriez ils partiraient	je parte tu partes il parte n. partions v. partiez ils partent	je partisse tu partisses il partît n. partissions v. partissiez ils partissent	pars partons partez	dormir, endormir, se repentir, sentir, servir, sortir
je courrais tu courrais il courrait n. courrions v. courriez ils courraient	je coure tu coures il coure n. courions v. couriez ils courent	je courusse tu courusses il courût n. courussions v. courussiez ils courussent	cours courons courez	accourir, parcourir, secourir
je fuirais tu fuirais il fuirait n. fuirions v. fuiriez ils fuiraient	je fuie tu fuies il fuie n. fuyions v. fuyiez ils fuient	je fuisse tu fuisses il fuît n. fuissions v. fuissiez ils fuissent	fuis fuyons fuyez	s'enfuir
je mourrais tu mourrais il mourrait n. mourrions v. mourriez ils mourraient	je meure tu meures il meure n. mourions v. mouriez ils meurent	je mourusse tu mourusses il mourût n. mourussions v. mourussiez ils mourussent	meurs mourons mourez	

不定形 分詞形	直　　説　　法			
	現　　在	半　過　去	単純過去	単純未来
17. venir 来る venant venu	je viens tu viens il vient n. venons v. venez ils viennent	je venais tu venais il venait n. venions v. veniez ils venaient	je vins tu vins il vint n. vînmes v. vîntes ils vinrent	je viendrai tu viendras il viendra n. viendrons v. viendrez ils viendront
18. ouvrir あける ouvrant ouvert	j' ouvre tu ouvres il ouvre n. ouvrons v. ouvrez ils ouvrent	j' ouvrais tu ouvrais il ouvrait n. ouvrions v. ouvriez ils ouvraient	j' ouvris tu ouvris il ouvrit n. ouvrîmes v. ouvrîtes ils ouvrirent	j' ouvrirai tu ouvriras il ouvrira n. ouvrirons v. ouvrirez ils ouvriront
19. rendre 返す rendant rendu	je rends tu rends il rend n. rendons v. rendez ils rendent	je rendais tu rendais il rendait n. rendions v. rendiez ils rendaient	je rendis tu rendis il rendit n. rendîmes v. rendîtes ils rendirent	je rendrai tu rendras il rendra n. rendrons v. rendrez ils rendront
20. mettre 置く mettant mis	je mets tu mets il met n. mettons v. mettez ils mettent	je mettais tu mettais il mettait n. mettions v. mettiez ils mettaient	je mis tu mis il mit n. mîmes v. mîtes ils mirent	je mettrai tu mettras il mettra n. mettrons v. mettrez ils mettront
21. battre 打つ battant battu	je bats tu bats il bat n. battons v. battez ils battent	je battais tu battais il battait n. battions v. battiez ils battaient	je battis tu battis il battit n. battîmes v. battîtes ils battirent	je battrai tu battras il battra n. battrons v. battrez ils battront
22. suivre ついて行く suivant suivi	je suis tu suis il suit n. suivons v. suivez ils suivent	je suivais tu suivais il suivait n. suivions v. suiviez ils suivaient	je suivis tu suivis il suivit n. suivîmes v. suivîtes ils suivirent	je suivrai tu suivras il suivra n. suivrons v. suivrez ils suivront
23. vivre 生きる vivant vécu	je vis tu vis il vit n. vivons v. vivez ils vivent	je vivais tu vivais il vivait n. vivions v. viviez ils vivaient	je vécus tu vécus il vécut n. vécûmes v. vécûtes ils vécurent	je vivrai tu vivras il vivra n. vivrons v. vivrez ils vivront
24. écrire 書く écrivant écrit	j' écris tu écris il écrit n. écrivons v. écrivez ils écrivent	j' écrivais tu écrivais il écrivait n. écrivions v. écriviez ils écrivaient	j' écrivis tu écrivis il écrivit n. écrivîmes v. écrivîtes ils écrivirent	j' écrirai tu écriras il écrira n. écrirons v. écrirez ils écriront

条　件　法	接　　続　　法		命　令　法	同型活用の動詞
現　　在	現　　在	半　過　去	現　　在	（注意）
je viendrais tu viendrais il viendrait n. viendrions v. viendriez ils viendraient	je vienne tu viennes il vienne n. venions v. veniez ils viennent	je vinsse tu vinsses il vînt n. vinssions v. vinssiez ils vinssent	viens venons venez	convenir, devenir, provenir, revenir, se souvenir ; tenir, appartenir, maintenir, obtenir, retenir, soutenir
j' ouvrirais tu ouvrirais il ouvrirait n. ouvririons v. ouvririez ils ouvriraient	j' ouvre tu ouvres il ouvre n. ouvrions v. ouvriez ils ouvrent	j' ouvrisse tu ouvrisses il ouvrît n. ouvrissions v. ouvrissiez ils ouvrissent	ouvre ouvrons ouvrez	couvrir, découvrir, offrir, souffrir
je rendrais tu rendrais il rendrait n. rendrions v. rendriez ils rendraient	je rende tu rendes il rende n. rendions v. rendiez ils rendent	je rendisse tu rendisses il rendît n. rendissions v. rendissiez ils rendissent	rends rendons rendez	attendre, défendre, descendre entendre, perdre, prétendre, répondre, tendre, vendre
je mettrais tu mettrais il mettrait n. mettrions v. mettriez ils mettraient	je mette tu mettes il mette n. mettions v. mettiez ils mettent	je misse tu misses il mît n. missions v. missiez ils missent	mets mettons mettez	admettre, commettre, permettre, promettre, remettre, soumettre
je battrais tu battrais il battrait n. battrions v. battriez ils battraient	je batte tu battes il batte n. battions v. battiez ils battent	je battisse tu battisses il battît n. battissions v. battissiez ils battissent	bats battons battez	abattre, combattre
je suivrais tu suivrais il suivrait n. suivrions v. suivriez ils suivraient	je suive tu suives il suive n. suivions v. suiviez ils suivent	je suivisse tu suivisses il suivît n. suivissions v. suivissiez ils suivissent	suis suivons suivez	poursuivre
je vivrais tu vivrais il vivrait n. vivrions v. vivriez ils vivraient	je vive tu vives il vive n. vivions v. viviez ils vivent	je vécusse tu vécusses il vécût n. vécussions v. vécussiez ils vécussent	vis vivons vivez	
j' écrirais tu écrirais il écrirait n. écririons v. écririez ils écriraient	j' écrive tu écrives il écrive n. écrivions v. écriviez ils écrivent	j' écrivisse tu écrivisses il écrivît n. écrivissions v. écrivissiez ils écrivissent	écris écrivons écrivez	décrire, inscrire

不定形 分詞形	直 説 法			
	現　在	半　過　去	単純過去	単純未来
25. connaître 知っている connaissant connu	je connais tu connais il connaît n. connaissons v. connaissez ils connaissent	je connaissais tu connaissais il connaissait n. connaissions v. connaissiez ils connaissaient	je connus tu connus il connut n. connûmes v. connûtes ils connurent	je connaîtrai tu connaîtras il connaîtra n. connaîtrons v. connaîtrez ils connaîtront
26. naître 生まれる naissant né	je nais tu nais il naît n. naissons v. naissez ils naissent	je naissais tu naissais il naissait n. naissions v. naissiez ils naissaient	je naquis tu naquis il naquit n. naquîmes v. naquîtes ils naquirent	je naîtrai tu naîtras il naîtra n. naîtrons v. naîtrez ils naîtront
27. conduire みちびく conduisant conduit	je conduis tu conduis il conduit n. conduisons v. conduisez ils conduisent	je conduisais tu conduisais il conduisait n. conduisions v. conduisiez ils conduisaient	je conduisis tu conduisis il conduisit n. conduisîmes v. conduisîtes ils conduisirent	je conduirai tu conduiras il conduira n. conduirons v. conduirez ils conduiront
28. suffire 足りる suffisant suffi	je suffis tu suffis il suffit n. suffisons v. suffisez ils suffisent	je suffisais tu suffisais il suffisait n. suffisions v. suffisiez ils suffisaient	je suffis tu suffis il suffit n. suffîmes v. suffîtes ils suffirent	je suffirai tu suffiras il suffira n. suffirons v. suffirez ils suffiront
29. lire 読む lisant lu	je lis tu lis il lit n. lisons v. lisez ils lisent	je lisais tu lisais il lisait n. lisions v. lisiez ils lisaient	je lus tu lus il lut n. lûmes v. lûtes ils lurent	je lirai tu liras il lira n. lirons v. lirez ils liront
30. plaire 気に入る plaisant plu	je plais tu plais il plaît n. plaisons v. plaisez ils plaisent	je plaisais tu plaisais il plaisait n. plaisions v. plaisiez ils plaisaient	je plus tu plus il plut n. plûmes v. plûtes ils plurent	je plairai tu plairas il plaira n. plairons v. plairez ils plairont
31. dire 言う disant dit	je dis tu dis il dit n. disons v. dites ils disent	je disais tu disais il disait n. disions v. disiez ils disaient	je dis tu dis il dit n. dîmes v. dîtes ils dirent	je dirai tu diras il dira n. dirons v. direz ils diront
32. faire する faisant [fzɑ̃] fait	je fais tu fais il fait n. faisons [fzɔ̃] v. faites ils font	je faisais [fzɛ] tu faisais il faisait n. faisions v. faisiez ils faisaient	je fis tu fis il fit n. fîmes v. fîtes ils firent	je ferai tu feras il fera n. ferons v. ferez ils feront

条　件　法	接　続　法		命　令　法	同型活用の動詞
現　在	現　在	半　過　去	現　在	（注意）
je connaîtrais tu connaîtrais il connaîtrait n. connaîtrions v. connaîtriez ils connaîtraient	je connaisse tu connaisses il connaisse n. connaissions v. connaissiez ils connaissent	je connusse tu connusses il connût n. connussions v. connussiez ils connussent	connais connaissons connaissez	reconnaître ; paraître, apparaître, disparaître （t の前で i → î）
je naîtrais tu naîtrais il naîtrait n. naîtrions v. naîtriez ils naîtraient	je naisse tu naisses il naisse n. naissions v. naissiez ils naissent	je naquisse tu naquisses il naquît n. naquissions v. naquissiez ils naquissent	nais naissons naissez	renaître （t の前で i → î）
je conduirais tu conduirais il conduirait n. conduirions v. conduiriez ils conduiraient	je conduise tu conduises il conduise n. conduisions v. conduisiez ils conduisent	je conduisisse tu conduisisses il conduisît n. conduisissions v. conduisissiez ils conduisissent	conduis conduisons conduisez	introduire, produire, traduire ; construire, détruire
je suffirais tu suffirais il suffirait n. suffirions v. suffiriez ils suffiraient	je suffise tu suffises il suffise n. suffisions v. suffisiez ils suffisent	je suffisse tu suffisses il suffît n. suffissions v. suffissiez ils suffissent	suffis suffisons suffisez	
je lirais tu lirais il lirait n. lirions v. liriez ils liraient	je lise tu lises il lise n. lisions v. lisiez ils lisent	je lusse tu lusses il lût n. lussions v. lussiez ils lussent	lis lisons lisez	élire, relire
je plairais tu plairais il plairait n. plairions v. plairiez ils plairaient	je plaise tu plaises il plaise n. plaisions v. plaisiez ils plaisent	je plusse tu plusses il plût n. plussions v. plussiez ils plussent	plais plaisons plaisez	déplaire, taire （ただし taire の直・現・ 3 人称単数 il tait）
je dirais tu dirais il dirait n. dirions v. diriez ils diraient	je dise tu dises il dise n. disions v. disiez ils disent	je disse tu disses il dît n. dissions v. dissiez ils dissent	dis disons dites	redire
je ferais tu ferais il ferait n. ferions v. feriez ils feraient	je fasse tu fasses il fasse n. fassions v. fassiez ils fassent	je fisse tu fisses il fît n. fissions v. fissiez ils fissent	fais faisons faites	défaire, refaire, satisfaire

不 定 形 分 詞 形	直　説　法			
	現　在	半 過 去	単 純 過 去	単 純 未 来
33. rire 笑う riant ri	je ris tu ris il rit n. rions v. riez ils rient	je riais tu riais il riait n. riions v. riiez ils riaient	je ris tu ris il rit n. rîmes v. rîtes ils rirent	je rirai tu riras il rira n. rirons v. rirez ils riront
34. croire 信じる croyant cru	je crois tu crois il croit n. croyons v. croyez ils croient	je croyais tu croyais il croyait n. croyions v. croyiez ils croyaient	je crus tu crus il crut n. crûmes v. crûtes ils crurent	je croirai tu croiras il croira n. croirons v. croirez ils croiront
35. craindre おそれる craignant craint	je crains tu crains il craint n. craignons v. craignez ils craignent	je craignais tu craignais il craignait n. craignions v. craigniez ils craignaient	je craignis tu craignis il craignit n. craignîmes v. craignîtes ils craignirent	je craindrai tu craindras il craindra n. craindrons v. craindrez ils craindront
36. prendre とる prenant pris	je prends tu prends il prend n. prenons v. prenez ils prennent	je prenais tu prenais il prenait n. prenions v. preniez ils prenaient	je pris tu pris il prit n. prîmes v. prîtes ils prirent	je prendrai tu prendras il prendra n. prendrons v. prendrez ils prendront
37. boire 飲む buvant bu	je bois tu bois il boit n. buvons v. buvez ils boivent	je buvais tu buvais il buvait n. buvions v. buviez ils buvaient	je bus tu bus il but n. bûmes v. bûtes ils burent	je boirai tu boiras il boira n. boirons v. boirez ils boiront
38. voir 見る voyant vu	je vois tu vois il voit n. voyons v. voyez ils voient	je voyais tu voyais il voyait n. voyions v. voyiez ils voyaient	je vis tu vis il vit n. vîmes v. vîtes ils virent	je verrai tu verras il verra n. verrons v. verrez ils verront
39. asseoir 座らせる asseyant assoyant assis	j' assieds tu assieds il assied n. asseyons v. asseyez ils asseyent j' assois tu assois il assoit n. assoyons v. assoyez ils assoient	j' asseyais tu asseyais il asseyait n. asseyions v. asseyiez ils asseyaient j' assoyais tu assoyais il assoyait n. assoyions v. assoyiez ils assoyaient	j' assis tu assis il assit n. assîmes v. assîtes ils assirent	j' assiérai tu assiéras il assiéra n. assiérons v. assiérez ils assiéront j' assoirai tu assoiras il assoira n. assoirons v. assoirez ils assoiront

条　件　法		接　　続　　法		命　令　法	同型活用の動詞 （注意）
現　　在		現　　在	半　過　去	現　　在	
je rirais tu rirais il rirait n. ririons v. ririez ils riraient		je rie tu ries il rie n. riions v. riiez ils rient	je risse tu risses il rît n. rissions v. rissiez ils rissent	ris rions riez	sourire
je croirais tu croirais il croirait n. croirions v. croiriez ils croiraient		je croie tu croies il croie n. croyions v. croyiez ils croient	je crusse tu crusses il crût n. crussions v. crussiez ils crussent	crois croyons croyez	
je craindrais tu craindrais il craindrait n. craindrions v. craindriez ils craindraient		je craigne tu craignes il craigne n. craignions v. craigniez ils craignent	je craignisse tu craignisses il craignît n. craignissions v. craignissiez ils craignissent	crains craignons craignez	plaindre ; atteindre, éteindre, peindre; joindre, rejoindre
je prendrais tu prendrais il prendrait n. prendrions v. prendriez ils prendraient		je prenne tu prennes il prenne n. prenions v. preniez ils prennent	je prisse tu prisses il prît n. prissions v. prissiez ils prissent	prends prenons prenez	apprendre, comprendre, surprendre
je boirais tu boirais il boirait n. boirions v. boiriez ils boiraient		je boive tu boives il boive n. buvions v. buviez ils boivent	je busse tu busses il bût n. bussions v. bussiez ils bussent	bois buvons buvez	
je verrais tu verrais il verrait n. verrions v. verriez ils verraient		je voie tu voies il voie n. voyions v. voyiez ils voient	je visse tu visses il vît n. vissions v. vissiez ils vissent	vois voyons voyez	revoir
j' assiérais tu assiérais il assiérait n. assiérions v. assiériez ils assiéraient		j' asseye tu asseyes il asseye n. asseyions v. asseyiez ils asseyent	j' assisse tu assisses il assît n. assissions v. assissiez ils assissent	assieds asseyons asseyez	（代名動詞 s'asseoir として用いられることが多い．下段は俗語調）
j' assoirais tu assoirais il assoirait n. assoirions v. assoiriez ils assoiraient		j' assoie tu assoies il assoie n. assoyions v. assoyiez ils assoient		assois assoyons assoyez	

不 定 形 分 詞 形	直 説 法			
	現　　在	半　過　去	単　純　過　去	単　純　未　来
40. recevoir 受取る recevant reçu	je　reçois tu　reçois il　reçoit n.　recevons v.　recevez ils　reçoivent	je　recevais tu　recevais il　recevait n.　recevions v.　receviez ils　recevaient	je　reçus tu　reçus il　reçut n.　reçûmes v.　reçûtes ils　reçurent	je　recevrai tu　recevras il　recevra n.　recevrons v.　recevrez ils　recevront
41. devoir ねばならぬ devant dû, due dus, dues	je　dois tu　dois il　doit n.　devons v.　devez ils　doivent	je　devais tu　devais il　devait n.　devions v.　deviez ils　devaient	je　dus tu　dus il　dut n.　dûmes v.　dûtes ils　durent	je　devrai tu　devras il　devra n.　devrons v.　devrez ils　devront
42. pouvoir できる pouvant pu	je　peux (puis) tu　peux il　peut n.　pouvons v.　pouvez ils　peuvent	je　pouvais tu　pouvais il　pouvait n.　pouvions v.　pouviez ils　pouvaient	je　pus tu　pus il　put n.　pûmes v.　pûtes ils　purent	je　pourrai tu　pourras il　pourra n.　pourrons v.　pourrez ils　pourront
43. vouloir のぞむ voulant voulu	je　veux tu　veux il　veut n.　voulons v.　voulez ils　veulent	je　voulais tu　voulais il　voulait n.　voulions v.　vouliez ils　voulaient	je　voulus tu　voulus il　voulut n.　voulûmes v.　voulûtes ils　voulurent	je　voudrai tu　voudras il　voudra n.　voudrons v.　voudrez ils　voudront
44. savoir 知っている sachant su	je　sais tu　sais il　sait n.　savons v.　savez ils　savent	je　savais tu　savais il　savait n.　savions v.　saviez ils　savaient	je　sus tu　sus il　sut n.　sûmes v.　sûtes ils　surent	je　saurai tu　sauras il　saura n.　saurons v.　saurez ils　sauront
45. valoir 価値がある valant valu	je　vaux tu　vaux il　vaut n.　valons v.　valez ils　valent	je　valais tu　valais il　valait n.　valions v.　valiez ils　valaient	je　valus tu　valus il　valut n.　valûmes v.　valûtes ils　valurent	je　vaudrai tu　vaudras il　vaudra n.　vaudrons v.　vaudrez ils　vaudront
46. falloir 必要である — fallu	il　faut	il　fallait	il　fallut	il　faudra
47. pleuvoir 雨が降る pleuvant plu	il　pleut	il　pleuvait	il　plut	il　pleuvra

条　件　法		接　　続　　法			命　令　法	同型活用の動詞
現　　在		現　　在		半　過　去	現　　在	（注意）
je recevrais tu recevrais il recevrait n. recevrions v. recevriez ils recevraient		je reçoive tu reçoives il reçoive n. recevions v. receviez ils reçoivent		je reçusse tu reçusses il reçût n. reçussions v. reçussiez ils reçussent	reçois recevons recevez	apercevoir, concevoir
je devrais tu devrais il devrait n. devrions v. devriez ils devraient		je doive tu doives il doive n. devions v. deviez ils doivent		je dusse tu dusses il dût n. dussions v. dussiez ils dussent		（過去分詞は du＝de＋ le と区別するために男 性単数のみ dû と綴る）
je pourrais tu pourrais il pourrait n. pourrions v. pourriez ils pourraient		je puisse tu puisses il puisse n. puissions v. puissiez ils puissent		je pusse tu pusses il pût n. pussions v. pussiez ils pussent		
je voudrais tu voudrais il voudrait n. voudrions v. voudriez ils voudraient		je veuille tu veuilles il veuille n. voulions v. vouliez ils veuillent		je voulusse tu voulusses il voulût n. voulussions v. voulussiez ils voulussent	veuille veuillons veuillez	
je saurais tu saurais il saurait n. saurions v. sauriez ils sauraient		je sache tu saches il sache n. sachions v. sachiez ils sachent		je susse tu susses il sût n. sussions v. sussiez ils sussent	sache sachons sachez	
je vaudrais tu vaudrais il vaudrait n. vaudrions v. vaudriez ils vaudraient		je vaille tu vailles il vaille n. valions v. valiez ils vaillent		je valusse tu valusses il valût n. valussions v. valussiez ils valussent		
il faudrait		il faille		il fallût		
il pleuvrait		il pleuve		il plût		

©Shutterstock.com

Alex Ragen; Alexandros Michailidis; Andriy Blokhin; Anton_Ivanov; Dana Ward; Denis. Vostrikov; Dokshin Vlad; EQRoy; Electric Egg; gor Bulgarin; Influential Photography; Jarva Jar; Jose Ignacio Soto; MDOGAN; MarkLG; Olga Besnard; Petr Kovalenkov; PhotoStock10; Rodrigo S Coelho; Sorbis; ajborges; bellena; irena iris szewczyk; lydiarei; mmkarabella; olrat; pixinoo; ricochet64; saiko3p; urbanbuzz
＊クレジット表記の必要なもののみ掲載

吹込み———Lena Giunta
　　　　　　Christophe Pagès

装丁————明昌堂

イラスト——明昌堂
　　　　　　メディアアート

テ・サンパ
～フランス語っていい感じ！～

検印 省略	ⓒ 2020 年 1 月 30 日　　初 版 発 行

著者	武末　祐子
	麻生　恵美
	日野真樹子
校閲	ロランス・シュヴァリエ
発行者	原　雅　久
発行所	株式会社 朝 日 出 版 社

〒 101-0065 東京都千代田区西神田 3-3-5
電話 (03) 3239-0271・72（直通）
http://www.asahipress.com/
振替口座　東京　00140-2-46008
明昌堂／図書印刷

乱丁，落丁本はお取り替えいたします
ISBN978-4-255-35308-1 C1085

本書の一部あるいは全部を無断で複写複製（撮影・デジタル化を含む）及び転載することは、法律上で認められた場合を除き、禁じられています。

音と綴り

母音 Les voyelles

文字	発音記号	読み方	例	課
a	[a]	ア	ça	L. I -0
i	[i]	イ	il	L. I -1
u	[y]	イユ	tu	L. I -2 🎧
é	[e]	エ	j'ai aimé	L. I -12 🎧
è	[ɛ]	エ	très	L. I -0
ê	[ɛ]	エ	crêpe	L. II -10
ai	[ɛ]	エ	j'aime	L. I -5 🎧
ei	[ɛ]	エ	seize	L. I -0
ou	[u]	ウ	vous	L. I -2 🎧
oi	[wa]	オワ	chinois	L. I -1 🎧
o	[o]	オ	moto	L. II -8
au	[o]	オ	sauce	L. I -11
eau	[o]	オ	beaucoup	L. I -5
eu	[ø] / [œ]	ウ	deux / fleur	L. I -4 🎧 / L. I -5
œu	[œ]	ウ	œuf	L. I -10
on / om	[ɔ̃] / [ɔn]	オン	bon / nom / personne	L. I -1 🎧 / L. I -10
an / am	[ɑ̃]	アン	français / dimanche	L. I -1 🎧
en / em	[ɑ̃]	アン	trente / comment	L. I -0
un / um	[œ̃]	アン	un / parfum	L. I -0
in / im	[ɛ̃]	アン	vin / impossible	L. I -10
ain / aim	[ɛ̃]	アン	pain / faim	L. I -4
ein	[ɛ̃]	アン	plein	L. I -5
ien	[jɛ̃]	イアン	vietnamien	L. I -1 🎧
éen	[eɛ̃]	エアン	coréen	L. I -1
oin	[wɛ̃]	オアン	loin	L. I -7
語末の e	発音しない		j'aime	L. I -12 🎧
語末の e / 語中の e	[ə]	ウ	le / vendredi	L. I -2
語末の es	[e]	エ	les	L. I -5
語末の er	[e]	エ	aimer	L. I -5
語末の ez	[e]	エ	avez	L. I -3
語末の et	[e]	エ	et	L. I -0
e ＋子音字＋子音字	[ɛ]	エ	elle	L. I -1
e ＋子音字	[ɛ]	エ	merci	L. I -0
ui	[ɥi]	ユイ	lui	L. I -7
ail / aille	[aj]	アイユ	travail / travailler	L. II -2
eil / eille	[ɛj]	エイユ	soleil / Marseille	L. I -13
ille	[ij] / [il]	イユ / イル	famille / mille	L. II -2 🎧 / L. I -6 🎧
ouil / ouille	[uj]	ウイユ	fenouil / grenouille	L. II -3
euil / ueil / euille	[œj]	ウイユ	feuille / écureuil / accueillir	L. II -8
母音字＋ y ＋母音字	[waja] / [eje]	オワイ / エイエ	voyage / payer	L. I -1 / L. I -5

子音 Les consonnes

文字	発音記号	読み方	例	課
h	発音しない		chambre d'hôtes / le héros	L. I -8 🎧
th	[t]	タ行	thé	L. II -13
ph	[f]	フ	photo	L. I -4
qu	[k]	カ行	qui	L. II -2
gn	[ɲ]	ニュ	espagnol	L. I -3 🎧
ch	[ʃ]	シュ	cher	L. I -9 🎧
ç	[s]	サ行	français	L. I -1
c + a, o, u / c + e, i, y	[k] / [s]	カ行 / サ行	café, comme Cédric, cinquante	L. I -10 🎧
c	[g]	ゴ	second	L. I -10 🎧
s	[s] / [z]	サ行 / ザ行	sport / française	L. I -11 🎧
ss	[s]	ス	passant	L. I -9 🎧
x	[ks] / [s] / [gz]	クス / ス / グズ	Saint-Ex / six / examen	L. I -11 / L. I -0 / L. II -14
g + a, o, u / g + e, i, y	[g] / [ʒ]	ガ行 / ジュ、ジ	gare, goût, légume / rouge, gitin	L. I -0 / L. I -5
gu + e, i, y	[g]	ガ行	guitare, langue	L. I -13
j	[ʒ]	ジュ	je	L. I -11 🎧
b	[b]	ブ	ballet	L. I -7 🎧
v	[v]	ヴ	valet	L. I -7 🎧
r	[ʀ]	ラ行	préparer	L. I -13 🎧
l	[l]	ラ行	l'été	L. I -13 🎧

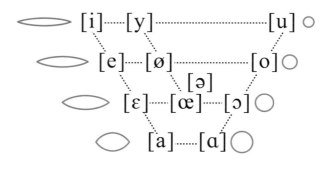

口の前方 ◀━━━━━━━▶ 口の後方

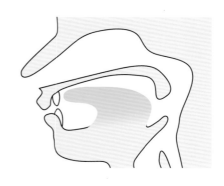